WRIGHT OF DERBY :
MODERNITÉ ET CLAIR-OBSCUR

Pour Comprende

Collection dirigée par Bruno Péquignot

L'objectif de cette collection *Pour Comprendre* est de présenter en un nombre restreint de pages une question contemporaine qui relève des différents domaines de la vie sociale.

L'idée étant de donner une synthèse du sujet tout en offrant au lecteur les moyens d'aller plus loin, notamment par une bibliographie sélectionnée.

Cette collection est dirigée par un comité éditorial composé de professeurs d'université de différentes disciplines. Ils ont pour tâche de choisir les thèmes qui feront l'objet de ces publications et de solliciter les spécialistes susceptibles, dans un langage simple et clair, de faire des synthèses.

Dernières parutions

Simon LAFLAMME, *L'insistance sur les structures sociales. Théories en sciences humaines au XXe siècle III*, 2023.

Lucien LECONTE, *Naissance du royaume franc de Jérusalem. Baudouin de Boulogne*, 2023.

Boris BENDAHAN, *L'invention du jugement synthétique* a priori *chez Kant,* 2023.

Félicia MICHOT, *La philosophie d'Athènes à Rome et ses philosophes*, 2023.

Armel ANGOUNDZA MBELLA, *Les métamorphoses de la démocratie, De la genèse à l'heure actuelle*, 2023.

Michel BOURSE, Halime YÜCEL, *Pour comprendre l'analyse conversationnelle*, 2022.

Catherine BELAUE, *Les Noirs dans l'ADN des Etats-Unis. L'histoire d'un pays,* 2022.

Kpoti Valère MENSAH-EDOE, *Malaise socio-culturel et violence juvénile en France. Analyse des causes de la violence chez les jeunes,* 2022.

Sébastien Gauderie

WRIGHT OF DERBY : MODERNITÉ ET CLAIR-OBSCUR

VERS UNE ESTHÉTIQUE DE LA SCIENCE

Du même auteur :

Histoire politique des droites mauriciennes (1810-1886), Paris, Édilivre, 2023.
Histoire politique des droites mauriciennes (1735-1810), Paris, Édilivre, 2022.

5-7, rue de l'Ecole-Polytechnique, 75005 Paris
http://www.editions-harmattan.fr
ISBN : 978-2-14-034119-9
EAN : 9782140341199

TABLE DES MATIÈRES

See far off the modest Wright retire!
Alone he rules his Element of Fire:
Like Meteors darting through the gloom of Night,
His sparkles flash upon the dazzled fight.

— William Hayley, *An Epistle to an Eminent Painter* (1778).

INTRODUCTION

> « Pourquoi la possibilité pour Dieu de créer les choses à partir de rien nous serait-elle inconcevable ? Il est certain que nous sommes nous-mêmes en quelque façon créateurs chaque fois que nous imaginons » — Berkeley[1].

Disciple d'une certaine école de l'enchantement, il représenta magnifiquement les premiers soubresauts de cette esthétisation du réel par la science. Assurément ne se pense-t-il pas ainsi lorsqu'il peint ses premières œuvres au seuil de ses vingt ans. Pourtant, ce dernier allait durablement œuvrer à la rencontre de ces deux sphères de l'imagination humaine : esthétique, d'un côté ; science, de l'autre. Imagination qui, selon Berkeley, permet de « créer les choses à partir de rien » à l'instar de Dieu lui-même. Ce vertige de la connaissance que sublime l'esthétique du monde en pleine mutation courant XVIIIe, c'est donc ce sujet de la profonde Angleterre, du vieux Derbyshire, qui l'apporte à ses contemporains et ses légataires. Né à Derby, mort à Derby : Joseph Wright (ou Wright of Derby) (1734-1797) est un héraut qui transporte un message à portée universelle et qui résonne encore avec pertinence au sein de notre contemporanéité.

Commentaire métapictural de l'œuvre, le lecteur ne doit pas s'attendre à trouver dans cet ouvrage une étude de Wright, par Wright et pour Wright. Il ne

---

[1] G. Berkeley, *Notes philosophiques*, A 830 (*Works*, I, p. 99 ; *Œuvres*, I, p. 134), ainsi que repris par : S. Charles, « Berkeley et l'imagination », *Revue philosophique de la France et de l'étranger*, t. 135, no. 1, 2010, p. 102.

s'agit guère davantage d'étudier, d'un point de vue technique, l'exactitude des compositions scéniques proposées dans les œuvres du peintre. Plus trivialement, et peut-être sans parvenir à rendre honneur à la singularité de l'œuvre de Wright, cette dernière est prise comme un moyen. Moyen d'entrer dans une réflexion bien plus large qui englobe des sphères de réflexion touchant à l'histoire des idées, l'épistémologie, la représentation, l'esthétique et la théorie de la connaissance. C'est en ce sens qu'il faut lire cet ouvrage : comme une porte d'entrée dans un monde nouveau en apparence. Œuvre de patience, de conjugaisons de réseaux d'agents et de connaissances multiples qui, après le décantage naturel des siècles, laisse percevoir une sédimentation intellectuelle ferme sur laquelle peut éclore une réflexion qui sert à notre temps : ainsi doit se comprendre toute la force de l'œuvre de Wright of Derby. Et de fait, son œuvre est tout entière ancrée dans un contexte d'exaltation de la connaissance. Qu'importe qu'elle soit lumineuse, ombrée ou finalement — c'est le parti pris de l'ouvrage — « claire-obscure ». La connaissance d'ici-bas porte en elle une universelle prétention à la pertinence.

Bien sûr, Wright n'est pas un homme de la singularité technologique de Ray Kurzweil, période désignant un futur hypothétique où l'emballement technologique provoquerait un dépassement des fonctions cognitives humaines par des fonctions cognitives artificielles. Il n'est pas plus un contemporain de l'ordinateur, de la cybernétique, de l'intelligence artificielle ; il n'est pas même un homme des XIX-XXe siècles. Et pourtant : lecteur et auteur, empêtrés dans la glèbe de leur époque, trouveront matière à contempler en ses œuvres l'avènement (curieux en surface seulement) des préoccupations majeures qui sont les leurs.

De fait, l'ère de Wright of Derby succède au « changement de paradigme », ainsi que Kuhn le formule en étudiant l'histoire des sciences — malgré toutes les réserves que l'on puisse placer face à l'utilisation de cette notion en histoire des sciences — survenu au XVIIe siècle. Un siècle où l'émergence d'un Prométhée déchaîné ne devient plus seulement possible, mais probable. Non seulement le temps de Wright succède-t-il à ce saut épistémologique majeur, mais il prétend l'exploiter, y compris sous des formes intensives, par le développement de l'industrialisation.

Wright est aussi un peintre de l'Évolution et, singulièrement, de l'évolution des connaissances et de leur représentation. Notons seulement ceci : alors que la consubstantialité des sciences et des techniques se fait de plus en plus indubitable en cette seconde moitié du XVIIIe siècle, le hasard fit que Wright se lia d'amitié avec le grand-père du pionnier de l'évolutionnisme biologique, Erasmus Darwin, dont il fit le portrait en 1770 et en 1792.

Cet ouvrage n'a pas pour ambition d'être une biographie de Wright of Derby. En conséquence, l'essai tient bien plutôt de la réflexion générale et assumée sur les croisements entre esthétique et science que de toute théorisation épistémologique ou de tout projet biographique concernant Wright. Toutefois, il est évidemment utile de rapporter quelques éléments de la vie de l'homme dont l'ombre est projetée sur l'essai[1].

---

[1] Pour une biographie datée, mais détaillée, de la vie de Wright of Derby, le lecteur pourra se rapporter à cet ouvrage en langue

.·.

Joseph Wright naît le 3 septembre 1734 à Derby d'une famille de la petite bourgeoisie anglaise. Il s'installe très tôt à Londres, avant même ses vingt ans. Il nourrit l'espoir d'épouser une carrière de peintre, ce qu'il fait : d'abord au service d'un maître-portraitiste, puis dans son propre atelier une fois sa formation achevée. Les fondements de son art sont très tôt acquis — ou *a minima* identifiés.

Wright retourne à Derby vers ses quarante ans. Il y demeure jusqu'à sa mort le 29 août 1797. Durant ses années dans son comté natal, il acquiert petit à petit le surnom de « Wright of Derby » qui servit à le distinguer d'un contemporain, Richard Wright (1723-1775), peintre de la marine.

Wright of Derby est désormais connu pour quelques œuvres picturales majeures. Ce sont des reflets sublimes, avec toutes les connotations que met la théorisation burkienne du sublime dans ce propos, du saut que cette révolution industrielle de la seconde moitié du XVIIIe siècle représente dans l'histoire humaine. Ses œuvres marquantes pour la postérité s'étendent principalement au cours de la décennie 1760 à 1770[1].

---

anglaise : W. Bemrose, *The Life and Works of Joseph Wright, A.R.A., commonly called "Wright of Derby"*, Londres, Bemrose & Sons, 1885.

[1] Quelques œuvres majeures de Wright of Derby pour les décennies 1760 et 1770, à titre d'exemple : *A Philosopher giving that Lecture on the Orrery* (1766), *An Experiment on a Bird in the Air Pump* (1768), *A Philosopher by Lamp Light* (1769), *An Academy by Lamp Light* (1770), *The Alchemist* (1771), *Miravan* (1772), *The Earth-Stopper* (1773)...

Assurément, comme évoquée précédemment, l'époque où Wright of Derby évolue est une ère qui, rétrospectivement, ne peut qu'apparaître révolutionnaire. L'histoire des techniques, et l'histoire tout court, a retenu ce moment charnière comme le temps d'une rencontre : un temps qui allait bouleverser la compréhension et la place de la technique au sein des sociétés occidentales.

D'un côté, la précipitation de l'ampleur et de la diffusion des techniques par une maturation épistémologique unique. Maturation due entre autres, à la dialectique (particulièrement féconde en Angleterre au XVIIIe) entretenue par le rationalisme, le scepticisme et l'empirisme.

De l'autre, la disposition idéologique des sociétés occidentales (dont britannique) à accueillir favorablement ces innovations techniques : non seulement à les accueillir, mais à les insérer au sein de leur système d'émergence et d'affirmation graduelle de la configuration, tant politique qu'économique, du courant libéral. Contemporain de Smith, Burke, Hume ou Voltaire, Wright of Derby naît une génération après la mort de John Locke ; Wright a dix-neuf ans quand disparaît George Berkeley. À la croisée de deux mondes où politique, économie, philosophie et sciences subissent des bouleversements de nature tectonique, Joseph Wright voit s'émanciper les colonies américaines et la France s'agiter au nom d'idées nouvelles. Nouvelles en surface seulement, car c'est finalement l'aboutissement d'un tréfonds civilisationnel propre à cette vieille Europe, antique et médiévale, qui remonte brutalement à la surface de la contemporanéité de Wright. Ce dernier les peint avec un bonheur prudent sous les auspices de son siècle.

Sans doute nous autres, héritiers d'un condensé composite (que le lecteur y soit plutôt favorable ou opposé n'est pas important) où figurent, en un ensemble densifié, l'aliénation marxienne, les structures névrotiques freudiennes et les réticences générales (et légitimes) d'un Ellul, réfrénons presque instinctivement toute passion positive à l'égard du temps de Wright. C'est encore plus frappant si, évidemment, ce dernier est replacé dans son siècle : celui de l'extension de la technique de l'horreur à l'exploitation. Puis, au XXe siècle, à l'extermination humaine.

À bien des égards, Wright peint les premiers pas vers la société industrielle qui est, pour nous autres, celle de la misère ouvrière, de Germinal et de David Copperfield, ou encore celle de l'exploitation intensive du principe colonial en Afrique et ailleurs. Exploitation dans une perspective de maximisation des échanges et des profits bénéfique au commerce international et à la puissance des États colonisateurs d'Europe occidentale. Dans ce contexte, le développement des techniques devient le soutien indispensable, et conscientisé comme tel, de l'économie de ces mêmes États.

Tout ceci comprend une part de vérité. La technique n'améliore certainement pas quelque spéculation sur la « condition ontologique » des hommes.

À cet égard, Wright of Derby est intéressant à plusieurs niveaux.

D'abord, au niveau de sa technique picturale : Wright of Derby est souvent considéré à l'aune d'une désignation, un « peintre de la lumière ». Mais comme cet ouvrage n'a pas pour ambition non plus d'être un essai d'analyse esthétique, cette technique nous apparaît instructive quant au passage qu'elle induit : de peintre de la lumière, Wright of Derby est aussi un peintre des Lumières. Mais il ne se réduit pas à cette seule dimension. Jouant avec la lumière, il n'en oublie pas moins les ombres nécessaires aux émerveillements de la découverte. Wright of Derby porte en son art le sublime contenu de cette science perturbée. La peinture de Wright constitue un saut burkien de l'œuvre en tant qu'organisation technique ; une précipitation dans un bécher ; une folie rationnelle qui soutient les fondements d'une humanité au seuil d'une vertigineuse liberté. Vertigineuse parce qu'immense et, finalement, effrayante au commun. L'ombre de cette falaise que contemple cette même humanité penchée sur son sort, Wright of Derby la peint, dansante, toujours présente, jamais dissipée. En ce sens, il est également un peintre des ombres[1].

Wright of Derby porte bien en lui l'humaine condition et son art n'en est que le reflet. Il lui donne des atours d'entre-deux, mouvants, comme l'esprit l'est lui-même, ou la lumière qu'il exploite, et le monde avec lui. Wright of Derby fait en propre ce que Montaigne se proposait de peindre au figuré. L'indétermination entre science et esthétique est en creux retenue par Wright comme la porte d'entrée vers une poétique interstitielle.

Pour ma part, je considère Wright of Derby comme le digne successeur d'un Berkeley dans l'ordre de la pensée. Cette thèse, je n'en disconviens nullement, est osée. Elle tisse la possibilité d'un entendement

---

[1] Le lecteur trouvera plaisir à goûter à cette interprétation tracée dans un ouvrage récent : M. Craske, *Joseph Wright of Derby: Painter of Darkness*, Londres, Paul Mellon Centre for Studies in British Art, 2020.

esthétique jusqu'aux confins de la pensée de l'être lui-même : de sa réfutation chez Gorgias raillé par Platon, à sa subsumation dans le règne des phénomènes chez le Moderne qu'est Berkeley. Accepter de suivre le chemin tracé par Wright of Derby, c'est suspendre le jugement, le temps d'une pleine contemplation ; non pour l'éteindre, mais pour le stimuler après coup. Soupir de la raison, éveil à sa quiétude triomphale. C'est ce à quoi nous invite le peintre de Derby.

Espérons que le lecteur, par ce court essai, prendra un certain plaisir à suivre l'initiation à cette dialectique entre esthétique et science. Entre ombres et lumières, Wright demeure d'un incommensurable secours à notre propre contemporanéité, et ce, bien au-delà des bornes de l'art pictural dont il fit son matériau premier, car Wright of Derby est aussi et surtout un philosophe.

SCIENTIFICITÉ ESTHÉTIQUE ET ESTHÉTIQUE DE LA SCIENCE

> « S'il est vrai que les créations de l'art ne sont pas des pensées et des concepts, mais un déploiement extérieur du concept, une aliénation qui le pousse vers le sensible, le pouvoir de l'esprit pensant ne consiste pas seulement sans doute à se saisir sous la forme qui lui est propre, c'est-à-dire la pensée, mais aussi à se reconnaître sous ce revêtement du sentiment et de la sensibilité, à s'appréhender dans ce qui est autre que lui et pourtant à lui, en faisant une pensée de cette forme aliénée et en la ramenant à lui-même » — Hegel[1].

Wright of Derby est d'abord un peintre de l'entre-deux : un peintre de l'indétermination fondamentale, du balancement constant entre science et esthétique. Nul doute que poser la question de leur relation sous la forme d'une double combinaison « scientificité esthétique » et « esthétique de la science » peut paraître bien artificiel au premier regard. À l'aune de l'œuvre de Wright of Derby, cette interrogation n'est pourtant pas qu'un jeu de l'esprit. C'est plus largement aux yeux de l'histoire des idées que le raisonnement présente un certain intérêt — et *a minima* lorsqu'est considérée la notion de théorisation de l'art et de rationalisation des techniques artistiques au sein de discours théoriques dont les prétentions poussèrent

[1] G.W.F. Hegel, *Esthétique*, Paris, Presses universitaires de France, 1953, p. 20.

jusqu'à l'élaboration de systèmes plus ou moins développés en histoire de l'art.

Ce n'est pas le sens restreint du terme « esthétique » qui est pris dans ces pages : l'esthétique est ici bien davantage que le domaine de la théorisation des arts, mais « un mode d'être sensible de singularité de l'art » ainsi qu'a notamment pu le construire Jacques Rancière[1]. En ce sens, interroger l'esthétique de la science tel que Wright of Derby peut la laisser entrevoir, c'est formuler le projet d'une compréhension du *mode d'être sensible de la singularité de l'art de Wright of Derby* à la science. Autrement dit, comment l'art de Wright of Derby, en tant qu'objet porteur d'un caractère singulier, se manifeste sensiblement dans son rapport à la science.

Les implications peuvent largement dériver selon que l'on prenne le parti d'une dichotomie ou d'une séparation étanche entre les deux pôles de réflexion (scientificité esthétique/esthétique de la science). Plutôt que de mettre en relief leurs dissemblances, une association de ces mêmes aires peut être envisagée. La fécondité de ces deux approches, dans le contexte de l'art de Wright, mérite des approfondissements notionnels.

---

[1] Rancière ne fait que réhabiliter le sens étymologique que l'esthétique recèle jusqu'au XIXe siècle, non pas en collant à la signification étymologique *stricto sensu*, mais en épousant un dégagement de la notion d'esthétique de son carcan scientiste. Cette initiation kantienne à la rénovation de l'esthétique comme science du sensible se révèle déterminante dans le cadre d'une parentèle construite entre un Berkeley et un Wright of Derby, ainsi que mentionnée en introduction.

La scientificité esthétique

Qu'entendre, tout d'abord, par l'expression « scientificité esthétique » ? Il faut ici renvoyer au mouvement de théorisation de l'art au sens restreint congédié ci-haut si l'on comprend par « scientificité esthétique » la scientificité *de* l'esthétique, c'est-à-dire le caractère à prétention scientifique de la théorisation systématique de l'art, ou encore de la recherche de ses éléments fondamentaux. Si l'on élargit la définition de l'esthétique comme formulée précédemment, il faut creuser du côté de l'histoire des idées et de la philosophie.

De ce point de vue, sans doute l'esthétique bénéficie-t-elle, de la perspective contemporaine, de l'ampleur considérable que prit dans la philosophie occidentale et mondiale les *Critiques* kantiennes et en particulier la *Critique de la faculté de juger* de 1790. Mais Wright of Derby, qui meurt sept ans plus tard, avait déjà accompli la majeure partie de son art. Kant lui est donc étranger dans l'exécution de son art. Edmund Burke, qui meurt la même année que Wright, fit quant à lui publier en 1757 sa *Recherche philosophique sur l'origine de nos idées du sublime et du beau* — œuvre que Kant apprécia dans sa *Critique* de 1790. Les idées de Burke purent influencer Wright of Derby, et inversement. Toutefois, de là à considérer que la mention de Burke de 1796 sur les « expériences » des « philosophes naturels » (c'est-à-dire des scientifiques) britanniques qui auraient traité les hommes comme des « souris dans une pompe à air » fasse explicitement référence au *An Experiment on a Bird in the Air Pump* de Wright of Derby, en date de 1768, semble très hasardeux[1]. En fait, c'est sans doute l'art même tel qu'il donne à se montrer dans les œuvres et les thèmes picturaux de Wright of Derby qui représente au mieux l'improbable « mariage du sublime et de la beauté[2] », alors même que Burke, le théoricien du sublime, se montrait sceptique quant à la possible réconciliation de ces deux idées dans un même objet. Aussi l'art de Wright manifesterait-il un évènement unique dans la perception générale des phénomènes qui confine à l'épochè, ce « soupir de la raison ». Un écart à la scientificité qui n'est pas sans servir, évidemment, cette dernière : ainsi en est-il de la fonction de la fiction en droit, du mythe en histoire ou de la réfutabilité poppérienne et de l'explication potentielle fondamentale de Nozick en épistémologie générale[3].

---

[1] A.H. Smyth (éd.), « Edmund Burke's Letter to a Noble Lord (1796) », Boston, Ginn & Company, 1903.

[2] J. Molesworth, « The Cosmic Sublime: Wright of Derby's *A Philosopher Lecturing on the Orrery* », *Lumen. Travaux choisis de la Société canadienne d'étude du dix-huitième siècle*, vol. 34, 2015, p. 117.

[3] Pensons au fictionnalisme de Vaihinger ou à la fonction du mythe chez Mircea Eliade. En droit on pourra trouver à cette affirmation une bonne application dans le contexte de la théorie du droit et de la théorie politique avec la fiction de l'état de nature. R. Nozick, *Anarchie, État et Utopie,* 3e édition française, Paris, Presses universitaires de France, 2016, pp. 24-25 : « Une explication potentielle fondamentale (explication qui expliquerait le monde total étudié si elle en était la véritable explication) est porteuse de lumières explicatives importantes, même si elle *ne* représente *pas* l'explication correcte. [...] Les explications potentielles fondamentales factuellement incorrectes, seront porteuses de grands éclaircissements, si leurs conditions initiales fausses "auraient pu être vraies". [...] Même des conditions initiales totalement fausses seront parfois en mesure d'apporter de grands éclaircissements. Des explications potentielles [...] logiquement incorrectes peuvent éclairer la

Mais que signifierait une « scientificité » de la manifestation sensible de l'art singulier de Wright of Derby vis-à-vis de la science ? Peut-on concevoir un quelconque caractère scientifique à ce type de manifestation sensible ? est-ce même souhaitable ?

Plutôt que de rechercher du côté de la technique (et de retomber, une fois encore, dans l'écueil de l'esthétique conçue comme théorie de l'art), il est bien plus adéquat de creuser le concept de scientificité dans son rapport analogique à Wright of Derby.

La scientificité — c'est par là que l'introduction s'est ouverte — fait l'objet d'un débat dont la nature structurelle en philosophie des sciences quant à son appréhension n'est pas résolue ; de fait, sa définition ne fait pas l'objet d'un consensus, et c'est heureux.

Plutôt qu'eidétiquement, ontologiquement, comme concept idéel ou détenteur d'une identité propre, la scientificité, pourrait-on arguer dans un premier temps, peut être appréciée plus justement par l'intermédiaire de l'expérience. Le caractère scientifique d'un objet se révèle sur le fondement d'une démarche empirique intégrant « l'abstractabilité » de la connaissance. Mais même ce résultat fait l'objet de multiples interprétations paradigmatiques. Que l'interprétation prenne, par exemple, le parti d'un raisonnement analytique et logique, Quine rétorquera que l'on « peut toujours maintenir la vérité de n'importe quel énoncé, quelles que soient les circonstances [car] il suffit d'effectuer des

---

nature d'un monde de façon presque aussi complète que des explications correctes, surtout si les "lois" forment ensemble une théorie intéressante et intégrée ».

réajustements radicaux dans d'autres régions du système[1] ». Ce, contre Popper.

Au sein même du domaine des sciences naturelles, dans une perspective post-diltheyenne, « Isabelle Stengers distingue les sciences expérimentales (la physique, la chimie, la biologie moléculaire, dans lesquelles la découverte se produit à partir d'une expérience) et les sciences d'ascendance darwinienne comme la géologie, la météorologie, la climatologie, qui n'ont pas d'objet d'expérience, mais essayent de reconstituer des processus d'expérience[2] ». De cette approche, il peut être au moins déduit que la scientificité est d'abord une manifestation perçue tant en interne (par les agents directs de la scientificité, comme le chercheur) et en externe (par les agents plus médiats contribuant aux conditions d'irruption et de réception de la scientificité).

Une analyse resserrée de la scientificité en fonction de la manifestation sensible particularisée de l'art qu'offrent les travaux de Wright of Derby conduit donc à explorer, avant toute chose, l'irruption du caractère scientifique dans l'ordre du sensible.

L'esthétique de la science

C'est le sens fort de la seconde proposition dans le cadre de l'analyse de cet énoncé général qui fait l'objet de ce chapitre : une « esthétique de la science ».

Une esthétique de la science, c'est, fondamentalement, une approche sensible de l'objet

---

[1] W.V.O. Quine, *Du Point de vue logique. Neuf essais logico-philosophiques*, Paris, Vrin, 2003, p. 77.

[2] J. Foucart, « Régimes de scientificité et recherches participatives et/ou collaboratives », *Pensée plurielle*, no. 48, 2018, p. 24.

scientifique comme, dès lors, phénomène. Or Wright, comme peintre, est déjà dans une disposition radicale par rapport à cette appréciation particulière de la science. Cette radicalité, Wright of Derby la fait passer du statut agentif qui est le sien au statut thématique de l'œuvre, tout en conservant la possibilité d'une dialectique constructive entre ces deux statuts. C'est ce qui rend l'esthétique de Wright si digne d'intérêt dans le cadre de cette discussion : Wright of Derby parvient à contextualiser, dans la singularité de ses œuvres, une interaction permanente esthétique/science. En ce sens, les œuvres de Wright of Derby fonctionnent sur le mode d'un kaléidoscope sur cet échange thématisé, projeté en toile de fond.

Plusieurs points à noter sur ce qui a été mentionné.

En premier lieu, considérer que l'esthétique de la science renvoie à une « approche sensible de l'objet scientifique comme phénomène », c'est s'autoriser à s'inscrire dans deux mouvements de structuration inhérents à cette identification : une structuration objective (1) et une structuration subjective (2).

Figure 1 : Joseph Wright of Derby, *Arkwright's Cotton Mills by Night* (1782).

Huile sur toile, 99,7 x 125,7 cm, Derby Museum and Art Gallery, Derby, Royaume-Uni.

1° Dans le cadre d'une structuration objective de l'esthétique de la science, l'approche suit une démarche constructiviste, c'est-à-dire que l'objet scientifique, phénomène, se construit en même temps que l'approche accomplit la démarche qui lui est propre. Ainsi l'objet pictural — le thème de la science — est-il construit en même temps que Wright of Derby se propose de le peindre. La science comme objet pictural peut s'insérer dans une continuité naturelle, comme dans le cadre d'une insertion de la fabrique de coton de Richard Arkwright dans le paysage du Derbyshire (*Arkwright's Cotton Mills by Night*, circa 1782). Elle peut aussi s'incarner dans une suspension du temps, un détachement du réel pour l'expliquer, le comprendre, en transmettre l'intelligibilité, le théoriser et, paradoxalement, le rapprocher des hommes (*A Philosopher Giving a Lecture at the Orrery*, circa 1766). Ces deux approches de la science ne dépeignent-elles pas la dichotomie de Stengers entre les sciences empirico-inductives d'ascendance galiléenne et les sciences hypothético-déductives d'ascendance darwinienne ? Certes, la fabrique de coton peinte par Wright of Derby résulte assurément d'une insertion *ex post* des procédés significatifs dans des modes d'exploitation et de distribution commerciales : elle ne relève pas, en tant que telle, de l'irruption du fait naturel observable, sauf à considérer que l'art de Wright of Derby, en un sens, tourne autour de la question de la naturalisation de l'appropriation libérale en régime esthétique de la science.

2° Dans le cadre d'une structuration subjective de l'esthétique de la science, l'approche emporte une transformation de l'appréciation du sujet lui-même, lequel n'est jamais déconnecté du contexte dans lequel il évolue. Que Wright soit perçu comme un homme des Lumières, selon la représentation convenue, et son art le rapprochera de l'éloge de la raison et du progrès technique. Que l'on considère, en revanche, que l'art de Wright of Derby, bien qu'homme des Lumières, se comprenne comme le reflet esthétique d'un « mécontemporain » dans ses thématiques, et l'on penchera plus volontiers pour une appréciation à la Craske pour qui Wright of Derby est d'abord un peintre des ombres, de la tradition, de la nostalgie et de la campagne anglaise pris dans le tourbillon de ces précipitations techniques. Burkien, en quelque sorte, dans l'ordre de la peinture (Burke le contre-révolutionnaire parce que partisan de la réforme continue des institutions ; Burke, le conservateur bourgeois), dans quelle mesure considérer que Wright, tout en peignant la science, transforme sa propre conscience, non seulement de son état de sujet, mais de son état de contemporain — double état qu'il projette finalement et nécessairement dans les œuvres qui suivent le « retour du bâton » de la construction épistémologique ?

Assurément, ces deux structurations se comprennent elles aussi d'un point de vue interne et externe. Interne, par rapport au rapport entretenu entre l'œuvre de Wright of Derby et la science. Mais externe également, puisque ce rapport fait lui-même l'objet de réceptions et de lectures interprétatives contemporaines à son siècle (ainsi en est-il lorsqu'il peint la fabrique de coton d'Arkwright, son contemporain, inventeur, puis premier exploitant commercial de la machine à filer dans son usine de Cromford dans le Derbyshire) et postérieures, à l'instar de ce livre.

∴

En fait, penser l'esthétique de la science sur le mode phénoménologique à l'aide de Wright of Derby n'exempte absolument pas d'une réflexion polémique sur la conception épistémologique portée par l'œuvre de ce dernier. Polémique, parce que, d'abord et avant tout, elle fut reprise par une tradition politique explicitement marquée au cours du XXe siècle. Cette partie de la vision externe et subjective de la structuration de l'esthétique de la science par Wright of Derby, a fait l'objet de travaux importants dans le cadre d'une esthétique qui croyait y voir le manifeste d'une certaine politique capitaliste de l'esthétique[1]. De fait, cet essai se propose de rapprocher Wright of Derby non pas d'un matérialisme historique rationaliste, mais d'une véritable critique, au sens étymologique et radical du terme : une faculté de juger. *Peindre la science, c'est peindre la faculté de juger du sujet.*

Il y a un peu plus de vingt années, un auteur a remis au goût du jour un rapprochement initial entre le

---

[1] Pour ma part, je ne pense pas que l'esthétique soit politique. Ce n'est pas l'esthétique qui est politique, c'est le politique qui est, en son fondement, de nature esthétique. Les implications de cette controverse sont considérables pour penser le politique. C'est une approche que je rattache à l'empirisme phénoménologique de Berkeley. Cet ordre de la préséance (le politique ou l'esthétique) marque la ligne de démarcation essentielle entre deux approches singulières. Première conception, le politique est subsumé sous l'esthétique ; seconde conception, l'esthétique est subsumée sous le politique. La pensée marxiste s'enracine dans ce dernier projet. J'espère avoir la chance de développer ma pensée sur cette différence qui constitue la fondamentalité de la théorie du politique, telle que je la peux concevoir en écrivant ces lignes.

matérialisme de Diderot et l'œuvre de Wright of Derby[1]. Cette interprétation découle d'une approche marxiste de l'œuvre de Wright engagée dès 1943, quoiqu'elle fût traduite assez tardivement en langue anglaise[2].

Pour cette lecture, donc, Wright serait engagé dans une démarche matérialiste par analogie. L'historien le percevrait en considérant rétrospectivement « que l'art de Wright et les goûts de Diderot semblaient les conduire l'un vers l'autre [et que] leurs pistes se sont croisées sans qu'ils se voient[3] ». En attesterait le fait que bien qu'il n'appartînt « pas à la Lunar Society », il n'en connaissait pas moins « tous les membres et il élevait ses enfants selon les préceptes de l'*Émile*[4] ». Encore selon l'auteur, les planches de l'*Encyclopédie* de Diderot reflèteraient l'inspiration réelle que l'œuvre de Wright aurait représentée sans même que le premier en ait eu connaissance.

Cette explication est loin de satisfaire et paraît souffrir de défaillances intrinsèques.

---

[1] M. Baridon, « Diderot et Wright of Derby : de la matière pensante au "genre moral" en peinture » *in* B. Fink et G. Stenger (dir.), *Être matérialiste à l'âge des Lumières. Hommage offert à Roland Desné*, Paris, Presses universitaires de France, 1999, pp. 37-54.

[2] Pour l'édition britannique : F.D. Klingender, *Marxism and Modern Art: An Approach to Social Realism*, Londres, Lawrence & Wishart Ltd, 1975.

[3] M. Baridon, p. 38.

[4] M. Baridon, p. 41. La Lunar Society est une « forme historique de collectif de conception inter-industries créé dans un contexte de forts changements sociétaux et technologiques » au XVIIIe siècle en Angleterre. Voir : M. Agogué, « L'émergence des collectifs de conception inter-industries : le cas de la Lunar Society dans l'Angleterre du XVIIIe siècle », *Annales des mines. Gérer et comprendre*, vol. 3, no. 109, 2012, pp. 55-65.

Que « Diderot aurait certainement frémi s'il avait pu voir Wright mettre en œuvre le sublime d'une peinture morale qui ne songeait "qu'à inspirer la vertu et épurer les mœurs" » et que « l'Église anglicane imputait à Locke » son matérialisme, ne suffit certainement pas à qualifier l'œuvre de Wright de matérialiste[1]. Pour cet auteur, le truchement par Priestley, « philosophe naturel » et théoricien du matérialisme, membre de la Lunar Society, « qui faisait des recherches sur l'électricité et la nature de l'air [et qui] s'intéressait à la manière dont les idées viennent aux hommes » permet « tout à la fois [une] compréhension des options politiques des *lunaticks* les plus éminents et de l'intérêt qu'ils portaient au climat ténébriste dans lequel Wright représentait leurs recherches »[2]. Wright, encore une fois, est analogiquement rapproché de penseurs liés, d'une manière ou d'une autre, au capitalisme anglais dans la genèse proto-marxiste.

Ce rapprochement n'est pas sérieux quand il s'agit de placer Wright dans l'histoire des idées. Pis, il malmène la singularité de l'œuvre de Wright dans son rapport à la technique.

À cet égard, Baridon, dans la lignée critique de Klingender, est dans une position d'hypothèse constante. Ce que cet ouvrage s'interdit entre Burke et Wright of Derby (Wright peut être bien burkien à sa façon, mais à sa façon seulement !), Michel Baridon se le permet entre Diderot et Wright of Derby au nom d'une recréation marxisante ; en tous les cas, fortement anachronique et arraisonnée à sa méthode historique tel que l'illustre ce rapprochement tout à

[1] M. Baridon, p. 54.
[2] M. Baridon, p. 45.

fait injustifié. Ainsi affirme-t-il « que nous devons à Wright des tableaux que Diderot, s'il en avait eu connaissance dans les années 1770, aurait tout de suite choisis pour illustrer l'*Histoire des Deux Indes*[1] ». Dans un glissement de la compréhension politique de l'esthétique (c'est le reproche fondamental que l'on peut formuler à l'encontre de cette tradition marxiste et post-marxiste de l'analyse de l'art), Baridon se demande « pourquoi cette esthétique s'allie-t-elle à une protestation ouverte contre les guerres coloniales[2] ».

Ce n'est pas le propos fondamental de Wright of Derby quant à la technique. Ce serait s'engager dans une voie qui réduit considérablement l'appréciation de l'œuvre de Wright et appauvrit sa réception critique, la sphère universitaire ayant délaissé cette dernière au profit d'une « œuvre de chercheurs marxistes[3] » de l'aveu même de Baridon. Peut-être, nous permettant cette même méthode, pourrions-nous considérer que Michel Baridon souffle grossièrement sur l'œuvre de Wright of Derby ses « convictions progressistes, dont il ne faisait pas mystère [qu'elles] sous-tendaient à vrai dire son goût pour la modernité et l'ouverture dans le Siècle des Lumières, et contribuaient à lui faire préférer Defoe à Smollett, Hume à Burke, et à faire du Dr Johnson sa bête noire[4] » ?

Difficilement réconciliable est l'appréciation marxiste, à la Klingender, ou pseudo-marxiste, à la

---

[1] M. Baridon, p. 38.
[2] M. Baridon, p. 40.
[3] M. Baridon, p. 37.
[4] J. Carré, « In Memoriam Michel Baridon », *XVII-XVIII. Revue de la Société d'études anglo-américaines des XVIIe et XVIIIe siècles*, no. 66, 2009, p. 6.

Baridon, de la perception de l'œuvre d'un Wright of Derby suggérée dans son rapprochement avec Berkeley ou Burke.

Une telle interprétation est pourtant sous-tendue par les récents travaux de Craske en la matière, au moins pour Burke, où ce dernier n'est contempteur des Lumières que dans la mesure où elles ont le potentiel — avéré selon lui au vu de la Révolution française — de détruire la tempérance de l'humanisme au profit d'une précipitation fanatique des idées abstraites sur l'homme dans l'ordre politique[1]. La lumière ne va pas sans l'ombre : dans le clair-obscur de Wright, l'une et l'autre se modèrent autant qu'elles permettent l'exaltation de leur contraire dans de brèves séquences immortalisées par le peintre. La lumière de la bougie est à cet égard d'une extrême volatilité, d'une fragilité telle qu'un souffle la peut éteindre. C'est la préservation de ce subtil équilibre qu'éclaire (et qui éclaire réciproquement) de façon indistincte l'histoire des hommes, et lui donne un aspect quasi-mystique.

L'art de Wright of Derby n'est pas prétentieux : il est même prudent. Dans cette prudence, la connaissance, dissipative, se laisse saisir par la libre suspension de la critique. Cette libre suspension de la critique, c'est l'épochè ainsi que Wright parvient à l'exposer superbement dans un registre de mise en relation avec l'histoire européenne (en l'espèce, de l'Antiquité romaine) dans *Three Persons Viewing the Gladiator by Candlelight* de 1765.

---

[1] Cette interprétation est radicalement opposée à la thèse soutenue par Zeev Sternhell, par exemple, et exposée encore dans un article récent qui se propose de recueillir ses propos : J. Mercier et Z. Sternhell, « Les anti-Lumières contre l'humanisme », *Humanisme*, vol. 3, no. 328, 2020, pp. 20-27.

L'épochè dans l'art de Wright of Derby

> « Le corps des sciences, cherchant sans cesse à préciser le sens concret, le contenu, de la Thèse du monde, présuppose toujours l'ordre objectif (et "objectal") de la Nature, à commencer par "l'autonomie" du monde matériel : "Le monde matériel est à l'intérieur du monde objectif total que nous appelons nature, un monde propre et fermé sur soi, un monde qui n'a besoin du secours d'aucune autre réalité" » — Husserl[1].

L'épochè est un concept clef de la pensée épistémologique depuis l'Antiquité. Du sceptique Sextus Empiricus au projet phénoménologique husserlien au XXe siècle, l'épochè recouvre des représentations et des fins radicalement différentes. Sa fonction épistémique demeure en tout cas indéniable : elle constitue, pour reprendre la définition de Fink à la suite d'Husserl, une « authentique découverte de la *croyance du monde*, la découverte du monde comme *dogme transcendantal*[2] ».

Wright of Derby est le peintre de cette « authentique découverte de la croyance du monde ». Cette découverte s'exerce par la suspension du

---

[1] Husserl, *La Phénoménologie et les fondements des sciences*, Paris, Presses universitaires de France, 1993, p. 139. Pour une approche excellemment synthétisée de l'approche husserlienne : E. Paquette, « Husserl et l'absolu du Monde en phénoménologie », *Horizons philosophiques*, vol. 9, no. 1, 1998, pp. 51-71.

[2] E. Fink, *De la phénoménologie*, Paris, Éditions de Minuit, 1974, p. 135.

jugement temporaire, la mise en parenthèse par rapport à l'objet d'étude, le décentrage sur cette croyance de la présupposition fondamentale du corps des sciences quant à « l'autonomie du monde matériel ». Autonomie qui agit, à l'instar d'une explication potentielle fondamentale à la Nozick, dans une remarquable performativité. Du moins, quand elle se permet des respirations interstitielles (et non moins effectives) dans une conscience transcendantale de l'expérience scientifique. Dans une perspective berkeleyenne, l'époché n'est pas seulement la mise en parenthèse de l'hypothèse de l'autonomie du monde matériel, mais la suspension de l'hypothèse de la matérialité elle-même. « Être, c'est percevoir ou être perçu », selon la fameuse maxime.

Cette mise en abîme de l'époché, Wright of Derby l'éprouve similairement à deux niveaux.

L'acte de peindre et l'œuvre comme résultat final de la technique de production — la toile en tant qu'objet matériel, qui peut s'échanger, se vendre ou faire l'objet d'expositions — constitue une forme de suspension que partage Wright of Derby avec tous les artisans en tant que tels. La production picturale, à l'instar de toute forme de production graphique, cinématographique ou photographique se concrétise, d'un point de vue matériel, en une conclusion finale : un produit fini. Si peindre, analogiquement, est vivre ou expérimenter, ce processus fut rétrospectivement et correctement exécuté lorsqu'il aboutit à la création nécessaire d'une excroissance : un objet qui s'appréhende sur le mode d'une disjonction par rapport à la sphère de création. Cet état de fait accorde la valeur à l'objet même, parce qu'il *est créé* et non plus *à créer*. Assurément, cette démarche relève de la croyance en une expulsion de cet objet hors de la sphère de la création elle-même. L'objet désigné en est (et intégralement) partie prenante, donnant son sens à la création ; comme l'épochè est partie prenante de l'expérience scientifique. Cette croyance en un objet résultat d'une création linéaire participe d'une explication potentielle fondamentale justifiant la création en tant qu'acte technique. Aussi, peindre, c'est évoluer dans cette croyance sans la remettre en cause ; apprécier le produit fini de cette création, c'est suspendre la thèse performative d'une autonomie du monde matériel peint : *l'œuvre devient un objet intégré de ce monde même.*

C'est en ce sens que l'on peut retrouver toute la pertinence de l'*Arkwright's Cotton Mills by Night* (fig. 1). Ici, technique matérielle (la toile) et technique thématique (la fabrique de coton représentée) se trouvent intégrées au monde (la toile dans le monde de Wright et la fabrique de coton représentée dans les paysages du Derbyshire).

L'art de Wright pousse plus loin son exploration esthétique de l'épochè comme objet à valeur épistémique : il l'expose concrètement en mettant en scène les agents de cette expérience. Ces agents sont saisis soudainement par une certitude, comme paralysés par cette dernière. Wright capture ce bref instant de clairvoyance qui gît dans l'ombre de la démarche du scientifique ; une lucidité qui laisse paraître que l'être du monde est « l'évidence constante, la présupposition constamment passée sous silence [dont la] source est naturellement l'expérience universelle dans sa constante certitude ontologique[1] ». Suspension temporaire de la

[1] Husserl, *Notes sur Heidegger*, Paris, Éditions de Minuit, 1993, p. 71.

représentation, certes ; révélation finalement immémoriale par présentation de l'être, sur l'être, par l'être lui-même. L'expérience se fait mystique. Aucune matière *derrière* le phénomène ; manifestation, seule. Comment ne pas évoquer sur ce point précis l'une des plus célèbres toiles de Wright of Derby, *The Alchymist Discovering Phosphorus*, en date de 1771[1] ? Et convoquer, d'un même élan, le plus célèbre des alchimistes de la Renaissance : Paracelse. Ce même Paracelse qui, « comme alchimiste, astrologue et cabbaliste, a un pied dans le passé médiéval [et qui] comme médecin, chirurgien psychopathologue et chimiste, ouvre la voie à la médecine moderne[2] » (fig. 2).

---

[1] L'œuvre a pour titre complet : *The Alchymist, in Search of the Philosopher's Stone, Discovers Phosphorus, and Prays for the Successful Conclusion of his Operation, as was the Custom of the Ancient Chymical Astrologers.*

[2] T. Lefebvre et C. Raynal, « Paracelse. Entre magie, alchimie et médecine : une vie de combat au temps de la Renaissance », *Revue d'histoire de la pharmacie*, vol. 84, no. 311, 1996, p. 408.

Figure 2 : Joseph Wright of Derby, *The Alchymist in search of the Philosophers' Stone discovers Phosphorus and prays for the successful conclusion of his operation as was the custom of the Ancient Chymical Philosophers* (1771).

Huile sur toile, 127 x 102 cm, Derby Museum and Art Gallery, Derby, Royaume-Uni.

On résiste difficilement à l'utilité de citer ces quelques passages qui clarifient avec bonheur le rapprochement entre alchimie paracelsienne et démarche des « philosophes naturels » du temps de Wright of Derby, et dont ce dernier se propose de restituer l'authenticité sensible par cette même œuvre. La distribution des apports heureux du rapprochement avec la figure de Paracelse et de sa philosophie avec l'œuvre de Wright s'opère tant sur la déclinaison ontologique qu'épistémique de l'étude scientifique du monde[1].

> « [Pour Paracelse], la philosophie soutient un rapport défini à la nature, [ayant] un objet, un *quid* à connaître – par opposition à la "fausse philosophie" qui est un tissu de mots renvoyant les uns aux autres et se confortant entre eux, sans se référer à la réalité. [...] Si la nature est objet à connaître, elle n'est pas pour autant un vis-à-vis qu'on pourrait tenir ; ce n'est pas un existant visible ; certes, elle est aussi ce visible, mais en même temps ce qui le produit et le porte, ce qui le fait surgir. Elle est manifestation et principe de la manifestation. Elle est éminemment "ce qui est à l'œuvre". Il est vrai que *ces forces, ces vertus*, ne sont pas données à nos sens ; et pourtant elles sont réelles, et, d'après Paracelse, plus réelles que le visible. [...] Nous savons que la nature n'est pas achevée : elle est devenir (c'est sa définition même, *natura* : ce qui est *sur le point de naître*, de surgir, de se produire). Et l'homme (alchimiste par vocation) se trouve inséré dans ce devenir par son écoute, par son action, par son expérience ».

---

[1] Les deux citations sont issues d'un même chapitre de l'ouvrage suivant : L. Braun, « Paracelse et l'alchimie » *in* J.-C. Margolin et S. Matton (dir.), *Alchimie et philosophie à la Renaissance*, Paris, Vrin, 1993, pp. 205-213.

> « Mais la nature invisible n'est pas *derrière* le visible à la manière d'une substance ; elle est productrice du visible, dans et par le visible, [...] "comprendre l'origine de toutes les choses naturelles". Elle a pour fin, selon le terme paracelsien, *l'Erkennen*. *Erkennen* n'est pas savoir. Le savoir se formule en propositions, énoncés, raisonnements. *L'Erkennen* renvoie à une connaissance par le *grunt* (fondement, principe), par l'origine (*herkommen*), par le mode de production (*wachsen, entspringen*), pour apprendre "*wie es wahr ist*" — pour connaître selon la vérité. [...] Cet *Erkennen* est aussi un voir. La nature se donne à voir à l'esprit attentif : elle allume, en celui qui est tendu vers elle, une lumière (*Licht der Natur*), et se manifeste dans et par cette lumière. Car elle ne demande qu'à luire, et à illuminer [...]. Plus on regarde un objet, moins on le voit, plus la nature devient énigme ; ce n'est même plus un objet à force de regarder, car l'objet naturel n'est vraiment perçu que si l'invisible est vu en même temps. C'est la perception de ce *numen* au sein du visible qui fait de l'homme un philosophe à la manière paracelsienne ».

L'image de l'alchimiste par la figure de Paracelse éclaire la disposition véritable de Wright of Derby, s'il fallait encore convaincre que ce dernier ne peut se résoudre à un état d'homme des Lumières et de peintre des lumières. Cette figure de l'alchimiste rejoint, tant dans l'histoire des idées que dans l'art de Wright, celle du philosophe des sciences. Quoiqu'il en soit, les compréhensions de cette figure de l'alchimiste peuvent être établies en tant que réponses fournies, tant d'un point de vue ontologique (1) que d'un point de vue épistémique (2), par rapport aux citations ci-haut.

1° D'abord, par raisonnement ontologique. Trois niveaux de lecture peuvent être envisagés face à cette présentation de la pensée paracelsienne à la lumière de l'art de Wright of Derby, et, en l'espèce, de son *Alchymist Discovering Phosphorus* : la nature comme objet, la nature comme manifestation et la nature comme devenir.

La nature, dans l'*Alchymist* de Derby, est d'abord un objet : un objet d'étude, objet d'un processus technique ayant permis la découverte du phosphore. La nature-objet s'apprécie par le biais de deux dimensions : la dimension thématique (la nature comme objet scientifique) et la dimension interne (la nature comme objet d'étude pour l'alchimiste).

À cet égard, la première dimension est tant partagée par l'esthète des œuvres de Wright of Derby — nous autres qui admirons l'œuvre — que par les protagonistes du fond, à peine éclairés (jouent-ils à cet effet comme des doubles de l'esthète du réel ?).

La seconde dimension aussi est partagée, mais surtout dans un rapport interne : la nature-objet pour l'alchimiste qui y applique directement sa méthode que pour les individus en arrière-plan qui, au vu de leur âge, peuvent être perçus comme les assistants du maître en pleine coupure avec le temps de la scène picturale saisie. Mais la nature est aussi une manifestation, ce qui n'est pas sans rappeler le thème philosophique berkeleyen. L'existant est le produit de la recherche. L'époché est ce moment où la recherche a produit des effets tels (en l'espèce, la découverte du phosphore) que seule la suspension peut en restituer la transcendance au plus près. Wright of Derby ne passe pas par quatre chemins lorsqu'il représente son alchimiste en pleine communion solennelle, évidemment religieuse dans cette œuvre. Pour bien comprendre l'*Alchymist* et la disposition d'esprit de Wright of Derby (et non pas la recréation historiciste et matérialiste par étiquetage « peintre des

Lumières »), il faut se souvenir du statut de l'alchimiste. Ce dernier est un « passeur » entre une attitude visant une *description* du monde comme potentialité et une attitude visant une *actualisation* de cette même potentialité du monde. Du point de vue de l'alchimiste, sans doute « ces forces, ces vertus », ne sont-elles « pas données à nos sens », et sont ainsi l'objet de recherche empirique. Ce n'est pas le cas pour le philosophe : un Berkeley rétorquerait que ces forces *sont* données à nos sens, la démarche se situant plutôt dans la configuration selon laquelle *il faut vouloir voir pour voir*, plutôt que voir tout simplement.

Vouloir voir pour voir, c'est se rapprocher de la conscience elle-même, celle du sujet pensant. Ce n'est pas la disposition de l'alchimiste et du « philosophe de la nature », astreints à la fonction herméneutique et performative de l'explication potentielle fondamentale. C'est une intention.

L'esthète de Wright prend ici volontiers la pose du philosophe face à ce chercheur dépeint comme transi par cette découverte. Époché, *in fine*, du chercheur lui-même. Ce dernier rejoint (lorsque le contemplateur de la toile consacre de son temps — son temps *subjectif* — à l'œuvre) une unique communion : celle de l'esthète et de l'alchimiste ; geste originelle de transcendance que Wright of Derby donne à offrir par la conjonction de ces attitudes dans une union esthète réel/alchimiste peint.

La nature, enfin, est devenir. On retrouve ce qui fut mentionné à propos de la mise en abîme de l'époché, entre l'acte de peindre (ou *à créer*) et la toile peinte (*est créée*), et l'assimilation de l'objet final (ladite toile) au monde. Ce malgré (ou grâce à ?) la croyance performative de l'expulsion hors de la nature de ce même objet.

2° Peu ou prou, le rapport épistémique de la démarche de Wright renvoie à des notions déjà longuement évoquées, dont la configuration de la nature comme objet scientifique. Un raisonnement circulaire est évité en convoquant immédiatement la liaison entre l'Erkennen paracelsien et l'époché de Wright of Derby.

Le premier, dans l'ordre de la formation de l'esprit scientifique de la Renaissance, peut faire l'objet d'une interprétation comme son pendant dans l'ordre de la formation de l'esprit esthétique des Lumières. Parce qu'il est soutenu dans cet essai que Wright of Derby se comprend davantage sur un mode de réserve ou de prudence burkiennes que sur un mode de confiance exaltée dans le progrès scientifique (*topos* de la disposition des contributeurs à la pensée des Lumières), l'époché de Wright peut se saisir comme une forme empirique de l'Erkennen, « connaissance par le fondement » (et non par le savoir rattaché au *logos*) de Paracelse. « *Erkennen* n'est pas savoir. Le savoir se formule en propositions, énoncés, raisonnements. *L'Erkennen* renvoie à une connaissance par le *grunt* (fondement, principe), par l'origine (*herkommen*), par le mode de production (*wachsen, entspringen*), pour apprendre "*wie es wahr ist*" — pour connaître selon la vérité ». Autrement dit, l'Erkennen paracelsienne s'est, en quelque sorte, subsumée sous la démarche empirico-inductive qui fonde la méthode scientifique de l'approche du monde. Approche désormais largement étayée et soutenue ardemment, comme légitimité — voire comme condition nécessaire — de la méthode scientifique par les institutions des corps des sciences après Locke, Hume et Berkeley.

Évidemment, la « mentalité » (pour se référer à un concept largement usité par l'historiographie française, auquel l'on assimilera à la notion d'« esprit du siècle des Lumières ») n'est-elle pas la même (problème d'identité) entre un Paracelse du XVIe siècle et un Wright du XVIIIe siècle. Elle n'est sans doute même que peu véritablement compatible dans une égalisation de leurs facteurs axiologiques, c'est-à-dire de leurs valeurs propres (problème de configuration). Mais dans une pensée « interne » à l'évolution de la science elle-même telle que Wright of Derby la livre, dans une visée « continuiste », « évolutionniste », la continuité entre l'Erkennen paracelsien et sa version de l'épochè, chez l'homme du tableau animé par l'esprit de découverte à la chandelle de son propre entendement, paraît frappante. La *résistance intuitionniste* au sein même de l'expansion de la démarche scientifique sur le fondement de la méthode empirico-inductive ne se donne pas, sous le pinceau de Wright of Derby, comme un élément purement résiduel, un ersatz des temps anciens[1].

---

[1] Wright of Derby évolue de l'autre côté de la Manche au XVIIIe. Alors que la philosophie continentale développe, sur les fondements d'une révolte philosophique à la scolastique (jusqu'à n'être qu'une crise interne à la scolastique elle-même, comme le protestantisme n'était, ainsi que les autres hérésies, qu'une crise interne au catholicisme à ses débuts ?), le courant intuitionniste par la consécration de la méthode hypothético-déductive, la philosophie anglaise développe des principes assimilables à un courant déductionniste par le renfort de la méthode empirico-inductive. Dans les faits, la situation est loin d'être aussi binaire, hermétique et figée. Les interactions débouchent sur une réciprocité constante : les interactions, aussi bien que les agents conceptuels, distribuent constamment des raisonnements élémentaires dans une économie d'échanges intellectuels produisant des variations de significations et, *in fine*, de valeurs.

Wright l'insère dans un projet épistémologique total de la science. Ce qu'elle semble rejeter en surface est toujours accepté, même *in extremis* (surtout, devrions-nous dire, au regard du rôle joué par l'épochè !), comme une ressource qu'elle dote d'un intérêt qualitatif potentiel. Intérêt dont la méthode pourra disposer dans certaines circonstances qu'elle aura (ou non) définies au préalable.

Ainsi, par le travail de la lumière, *Licht der Natur* pour reprendre Paracelse (mais pas seulement, comme par son traitement thématique), Wright of Derby désigne l'acte d'épochè auquel l'alchimiste se livre (acte se vit plus justement de façon antithétique, comme un *non-acte*) comme un acte de pleine signification pour la compréhension ontologique et épistémologique du monde. C'est un acquis de la démarche scientifique qui lui permet d'attester de sa propre amplitude dans l'ordre de la pensée.

Que Wright of Derby convoque l'image de l'alchimiste ne doit pas être lu hors de la référence à ses propres œuvres : l'intertextualité consacre en fait une idée marquante du lien entre esthétique et science. En fait, Wright peint, représente, bien davantage que la démarche scientifique elle-même. Il peint un état transitoire de l'évolution du caractère scientifique elle-même.

Un état transitoire de la scientificité

Cet état transitoire de la science, Wright of Derby parvient à la restituer par un art procédant, dans une certaine mesure, d'une « historicisation esthétique de la scientificité ».

La figure de l'alchimiste chez Wright est éloquente puisqu'elle anticipe *de facto* sur plusieurs conflictualités internes au niveau de la radicalité épistémologique de cette sortie du XIXe siècle. Tout d'abord, l'alchimiste de Wright met en relief la perte graduelle de l'importance (ou encore de l'appréciation positive) de la transversalité des réseaux de connaissances par le processus de spécialisation — forme d'encloisonnement psychologique et/ou épistémologique des agents, de leurs méthodes, leur sociabilité — dans une temporalité propre à l'évolution et à la construction du caractère scientifique. En bref, son historicité.

Comment définir l'historicité esthétique ? Une première identification conceptuelle pourrait la saisir comme la contextualisation temporelle de la connaissance du sensible. Par conséquent, l'historicisation esthétique de la science par l'art de Wright of Derby renverrait à la façon dont ce dernier parvient à contextualiser temporellement le mode d'être sensible de singularité de son art à la scientificité.

La contextualisation de tout objet (et ce, quel qu'il soit) est par essence multidimensionnelle, impliquant une multiplicité potentiellement non quantifiable, en un instant *t*, de facteurs et de tissus influents — et ce, peu importe que soit envisagé un hypothétique calcul du taux de marginalité statistique de cette même influence. Influence qui peut s'exprimer, de fait, fort diversement ; ces expressions subissant elles-mêmes des mutations constantes de l'équilibre de leur régime. Par principe d'identité, la même chose vaut pour le processus de contextualisation temporelle d'un objet, c'est-à-dire son insertion dans une historicité *de jure* (l'historicité-représentation) définie *a posteriori*. Historicité-représentation qui, paradoxalement, se rapporte à une historicité *de facto* (l'historicité-présentation) qui fut définie aussi bien *a priori* (par rapport à l'objet étudié) que *parallèlement* à ce dernier (dans la réception de sa propre contemporanéité)[1].

Or suggérer l'historicité de la science par une œuvre (ou un corpus d'œuvres), c'est admettre *a minima* que le travail implique une représentation (en l'espèce, une représentation picturale) de la recontextualisation axiologique du caractère scientifique[2]. Autrement dit, il faut reconstruire un

---

[1] G. Fagniez, *Comprendre l'historicité. Heidegger et Dilthey*, Paris, Hermann, 2019, pp. 68-69 : « Il s'agit pour Rickert, afin de défendre l'autonomie de la science historique contre les prétentions hégémoniques des sciences de la nature, de déterminer quel statut et quelle place lui reviennent dans l'ensemble du savoir. [...] Rickert reconduit la dimension même de l'historique à la notion de valeur. Redisons-le, ce qui définit l'histoire [pour Rickert], c'est [...] — du point de vue "formel" — d'être science "idiographique" de l'individuel, mais également — du point de vue "matériel" — d'être "science de la culture", c'est-à-dire connaissance de faits porteurs de sens, [...] et se rapportent en dernière instance à des valeurs. Le "point de vue axiologique" constitue ainsi le monde historique comme tel ».

[2] Même si l'optique d'Heinrich Rickert n'est pas partagée par cet ouvrage (il ne s'agit pas de proposer en l'espèce un quelconque système du régime esthétique de la science ou encore d'établir une logique générale de l'histoire), le point de vue matériel sur/de l'histoire porté par Rickert est d'un certain secours pour saisir la portée de cette recontextualisation axiologique dans un prolongement néo-kantien (selon l'appellation consacrée) de l'élaboration de la distinction sciences de l'esprit/sciences de la nature par Dilthey. C'est pour cela que Rickert fait l'objet de réappropriations précises dans des contextes où le rapprochement de sa pensée peut aider à éclairer le propos tenu dans ces pages. Elles sont donc purement instrumentales, et ne sauraient faire l'objet d'une quelconque validation autre que celle du secours dialectique qu'elles apportent au propos.

système de valeurs avec des échelles de mesure qui lui sont postérieures. Aussi est-ce là un travail formel sur la *Weltanschuung* de la scientificité, au sens le plus commun qui soit : une certaine conception du monde.

L'alchimiste, en tant que tel, est un élément paradigmatique de cette *Weltanschuung* de la scientificité de transition, facilitateur de cette réalisation du plein potentiel de la nature à des fins éthiques et thérapeutiques[1]. Comme sujet d'histoire des sciences, l'alchimiste tend à « la formation d'un "concept individuel" [qui] n'est possible qu'à la condition de rapporter l'individu à des "valeurs" (*Werte*) » selon Rickert[2]. C'est ce qui, à première vue, est convoqué par Derby, y compris dans le titre de sa toile, l'*Alchymist Discovering Phosphorus*.

Toutefois, l'alchimiste n'est pas que sujet de la construction. Il est objet de l'histoire des sciences. Wright peint cet objet de l'histoire des sciences qu'est l'alchimiste, personnification par excellence de l'état transitoire de la scientificité. C'est ainsi que l'historicité est esthétique : dans un continuum d'ensemble, l'alchimiste perçoit la transcendance de l'acte de découverte (comment en douter au vu de sa gestuelle de prière ?). Un Rickert entre ainsi en

---

[1] Reprenant Paracelse : L. Braun *in* J.-C. Margolin et S. Matton (dir.), p. 213 : « Car le médecin doit être le plus élevé parmi les hommes, le meilleur, le plus expert (*ergrundet*) dans toutes les parties de la philosophie, de la physique et de l'alchimie [...] ; ce qu'il est, il doit l'être profondément, avec vérité, avec la plus haute expérience. Car entre tous les hommes, c'est le médecin qui est le meilleur connaisseur (*erkenner*) de la nature et de sa lumière, et qui est à même d'en donner un authentique témoignage ».

[2] A. Dewalque, « À quoi sert la logique des sciences historiques de Rickert ? », *Les Études philosophiques*, vol. 1, no. 92, 2010, p. 49.

résonance directe avec la représentation de Wright à un peu plus d'un siècle d'écart : « Ce n'est qu'en passant par l'historique que le chemin peut mener au supra-historique. C'est donc au contact du matériau historique que la philosophie doit porter à sa propre conscience les valeurs en tant que valeurs[1] ». Ce rapport de l'art de Wright of Derby à l'histoire et la « pré-scientificité » (même si le terme n'est pas très heureux) le place dans une situation éminemment philosophique — dans le prolongement du *Philosopher by Lamplight* présenté en 1769. Là aussi, le rappel de la thèse de Rickert peut être utile pour mettre en exergue le projet épistémique de cette saisie de cette étape de la scientificité qu'incarne l'alchimiste et que représente, par son art, Wright of Derby — une représentation sensible, s'il en est, puisque picturale :

> « La thèse de Rickert est connue : prolongeant l'intérêt préscientifique pour l'individuel qui compose comme tel notre monde environnant, les sciences historiques visent une connaissance conceptuelle de l'individualité et mettent ainsi en œuvre une méthode individualisante qui transforme la réalité préscientifique, à la fois continue et hétérogène, en un discret hétérogène[2] ».

Toutes ces considérations ne recoupent-elles pas chez Wright of Derby le statut du sujet scientifique (qui se trouve objectivé par la technique picturale) dans une référence à la formation de l'esprit

---

[1] H. Rickert, *Le Système des valeurs et autres articles*, Paris, Vrin, 2007, p. 71.
[2] J. Farges, « Philosophie de l'histoire et système de valeurs chez Heinrich Rickert », *Les Études philosophiques*, vol. 1, no. 92, 2010, p. 32.

scientifique[1] ? Autrement dit, de la conscience d'une volonté de l'extraction « à un désordre réduit, éliminé » à la « conscience de la normalité du savoir », pour citer (cette fois-ci explicitement) Bachelard[2] ?

Nourri tout à la fois de la figure du philosophe, de l'historien, du naturaliste, de l'alchimiste et du scientifique, le sujet pensant de Wright of Derby est lui aussi, de façon permanente, à former, sans jamais cesser de l'être. Il ne peut jamais qu'être *transitif*, dans une évolution continue des sciences, entre l'œuvre créée (l'objet des sciences) et l'œuvre à créer (le sujet des sciences). En ce sens, toute l'activité scientifique est profondément naturelle : elle est à naître ; Wright of Derby est, lui aussi, à l'instar du philosophe pour l'homme, de l'alchimiste pour la nature ou de l'historien pour le passé, en position d'accoucheur. L'esthétique, à propos de la science, se

---

1 Je n'ignore nullement que la référence à Rickert peut perturber le lecteur, aussi bien que la référence à Dilthey ou Husserl. Contrairement à Berkeley, ces auteurs sont postérieurs à Wright of Derby. Bien qu'ils illustrent chacun des étapes de la pensée phénoménologiste (et suivant des logiques qui leur sont propres), le retour à Berkeley est le bienvenu : ce dernier est à la croisée des chemins entre démarche empirique et optique transcendantale. C'est cette croisée que voudront dissocier les légataires de sa théorie phénoménologique et, en premier lieu, Husserl lui-même, élaborant un projet qu'il veut dégagé de l'empirisme pour le tourner résolument et entièrement vers une phénoménologie transcendantale. Or l'art de Wright of Derby — c'est du moins la thèse soutenue dans cet ouvrage — peut être considéré de manière féconde, voire concluante, dans son croisement avec l'ambition berkeleyenne. Wright n'anticipe absolument pas, à mon sens, le saut husserlien d'un transcendantalisme épuisant la totalité des ressorts épistémiques.

2 G. Bachelard, *Le Rationalisme appliqué*, Paris, Presses universitaires de France, 1986, p. 15.

fait maïeutique : en la représentant, en la livrant aux sens par l'art, Wright of Derby n'est, ni plus ni moins, que le peintre de cet accouchement qui bouleverse son siècle : celui de la science tant dans, par et pour la société humaine. La science comme fait social générateur.

VERS UNE ESTHÉTIQUE COGNITIVE

> « Qu'est-ce qu'un homme dans l'infini ? [...] Je veux lui faire voir là-dedans un abîme nouveau. Je veux lui peindre non seulement l'univers visible, mais l'immensité qu'on peut concevoir de la nature dans l'enceinte de ce raccourci d'atome, qu'il y voie une infinité d'univers, dont chacun a son firmament, ses planètes, sa terre [...]. Qui se considèrera de la sorte s'effraiera de soi-même et [...] tremblera dans la vue de ces merveilles et je crois que la curiosité se changeant en admiration, il sera plus disposé à les contempler en silence qu'à les rechercher avec présomption. Qu'est-ce que l'homme dans la nature ? Un néant à l'égard de l'infini, un tout à l'égard du néant, un milieu entre rien et tout [...]. Que fera-t-il donc sinon d'apercevoir quelque apparence du milieu des choses dans un désespoir éternel de connaître ni leur principe ni leur fin ? » — Pascal[1].

Parmi ces faits sociaux générateurs, le processus d'individuation est sans nul doute constitutif d'un bouleversement général des rapports anthropologiques qui prend son plein sens au cœur de la Modernité en Europe occidentale, entre le XVIIe et le XVIIIe siècle. Ce processus prend ici place « dans une conception unitaire de l'histoire » selon Gilbert Larochelle. Étape supplémentaire dans le processus

---

[1] Pensée 199-72H. Disproportion de l'homme, des *Pensées* de Pascal.

de subjectivation au sein même de la conscience d'une potentialité d'ipséité, l'individuation est étroitement corrélée à ce qu'évoque Larochelle dans le propos ci-dessous :

> « Les deux versants qu'elle décrit, l'existence et son devoir-être ne contrastent que par la vision d'une temporalité susceptible de les réconcilier. Leur étalement dans une durée fait déchoir toute proclamation d'ipséité du sujet avec lui-même et commande corrélativement le programme d'une restauration ».

D'où l'inférence suivante, où « le rapport à soi ne repose plus seulement sur un savoir, mais aussi sur la pratique d'un accomplissement qui fixe d'avance le sens (*eidos*) et le terme (*telos*) de la quête » :

> « Ce nouvel épisode de la subjectivité s'ouvre par l'assomption d'un différé entre l'expérience d'une situation contingente et l'évocation d'une position possible [permettant] le dégagement d'un principe d'identité dans l'inspiration duquel la tragédie de ne pas être ce que l'on veut exacerbe la volonté de le devenir[1] ».

Ainsi donc l'individuation se trouve-t-elle corrélée à cette autoréflexivité de l'être objet-sujet de l'individuation : non seulement le potentiel et l'actualisé, mais également l'écart mesurable par la science — drame supplémentaire de la contemporanéité chez Wright of Derby — entre les deux. Ainsi en est-il de la formule de Larochelle, « dégagement d'un principe d'identité dans

---

[1] G. Larochelle, *Philosophie de l'idéologie. Théorie de l'intersubjectivité*, Paris, Presses universitaires de France, 1995, p. 95.

l'inspiration duquel la tragédie de ne pas être ce que l'on veut exacerbe la volonté de le devenir » entre un sens et un terme de la recherche ; « situation contingente et évocation d'une position possible ».

Wright manifeste pleinement cette distorsion dans un rapport de proportionnalité entre l'enchantement du monde comme *évocation d'une position possible* et tragédie de ce qu'il convient de discriminer en tant qu'« individu » comme *situation contingente* par rapport à ce même monde. Autrement dit, Wright of Derby est un peintre de ce grand écart, source d'espoir et d'angoisse : plus la conscience d'un enchantement du monde devient patente, plus la conscience d'une tragédie de l'individu lui devient elle-même sensible.

C'est le deuxième volet de l'esthétique de l'art de Wright, la singularité de son mode d'être sensible. L'art de Wright of Derby transcrit cette position de l'individu qui prend pleinement conscience par la science que le monde n'est pas qu'un *actualisable*, mais un actualisable mesurable en tant qu'il recèle cette même capacité à l'actualisation.

Cette prise de conscience est réflexive : elle agit sur lui et le bouleverse. Étudier le monde revient à s'étudier comme individu en filigrane ; d'où le nécessaire « vertige pascalien » que dégage l'art de Wright of Derby.

Mimésis et connaissance

Ce vertige pascalien de l'individu peint chez Wright est mis en exergue dans le présent chapitre comme le fil conducteur de cette autre approche de l'esthétique de la science.

Que signifie cette position médiane de l'art de Wright, entre « imagination » et « intellection » ? Il faut avant tout préciser ce qui est entendu par ces deux termes. Il faut préciser d'emblée que l'art de Wright, dans son rapport à la science, permet un passage fécond entre les pensées développées par Gilbert Larochelle sur l'individuation et Pierre Guenancia sur la représentation (présenté plus bas).

Dans son dérivatif pascalien, l'imagination se rapporte à sa compréhension au sein du rationalisme continental du XVIIe siècle. Selon Guenancia, c'est ce rationalisme qui soutient « la nécessité de distinguer la représentation comme produit de l'imagination de la représentation proprement dite qui est du type de l'intellection[1] », dans la mesure où l'imagination « désigne de façon substantive un processus, une façon d'appréhender les choses, de se rapporter à elles, comme un mode d'être dans le monde, une liaison étroite et même un mélange avec les choses du monde[2] ».

En revanche, alors que « l'imagination (comme fonction) accompagne nos perceptions et les enchaîne dans un continuum temporel qui est comme présent à l'esprit, et presque trop présent pour pouvoir être distingué de la perception proprement dite[3] », l'intellection est « l'action de convertir une chose réelle en objet de pensée, de passer d'un mode direct de rapport au présent à un mode réfléchi[4] ».

Wright of Derby joue sur les deux tableaux.

D'abord, comme peintre, Wright of Derby est, un *artisan* de l'imagination : il manie une certaine

---

[1] P. Guenancia, *Le Regard de la pensée. Philosophie de la représentation*, Paris, Presses universitaires de France, 2009, p. 131.

[2] P. Guenancia, p. 130.

[3] P. Guenancia, p. 133.

[4] P. Guenancia, p. 135.

technique de l'imagination, ou encore τέχνη (*technè*) d'un « mode d'être dans le monde » sensible, pleinement immergé. Mais Wright, parce qu'il est peintre, est aussi un *artiste* de l'intellection : il manie également une certaine disposition de l'intellection, ou encore ἔργον (*érgon*) de la conversion d'une « chose réelle en objet pensé »[1].

Trois dimensions de l'interactivité dynamique imagination/intellection se confondent dans un même élan[2].

1° L'individu-sujet, le peintre-artisan *x*, *présent face à son art, se présente* à une toile vierge en mélangeant les couleurs d'une palette pour créer une image. Ici, le produit fini, l'objet, est obtenu par le biais même de l'intellection : via l'intellection, Wright of Derby a su momentanément et adéquatement

---

[1] Pour la distinction entre *technè* et *érgon*, et plus largement les racines de la pensée du travail dans l'Antiquité grecque, voir la monographie suivante : R. Descat, « L'Acte et l'effort. Une idéologie du travail en Grèce ancienne (VIIIe-Ve siècle avant Jésus-Christ) », *Centre de recherches d'histoire ancienne*, vol. 73, 1986. En fait, le choix d'une opposition *technè* et *érgon* est largement factice : il faut y voir une juxtaposition plutôt qu'autre chose, et sans doute la sélection de ces termes n'est-elle pas la plus adéquate. Il faut plaider coupable sur ce sujet quant au non-approfondissement de cette dichotomisation, mais considérons qu'il y aurait matière à un tout autre ouvrage quant à ces deux seules notions.. C'est pourquoi la digression, quoiqu'instructive, eût été trop coûteuse en l'espèce pour l'insérer dans cet ouvrage.

[2] Évidemment, il faut mettre en balance la réflexion topique qui fait jouer la transition du statut d'artisan au statut d'artiste par le truchement de l'individuation à l'époque moderne. Détailler la connotation des liens qui unissent vraisemblable, vraisemblance, représentation et *mimesis* ne constitue pas le propos ici. Mais la mimésis exploitée dans l'art derbyen, du fait de sa potentialité épistémologique, sera soumise à examen sous la forme d'une variation dans le présent chapitre.

mobiliser une certaine technique picturale pour convertir une chose réelle (une toile) en objet de pensée (un tableau). Mais parce que ce produit fini, cet ouvrage, est une œuvre, le second cas participe entièrement de sa qualification : une œuvre d'art n'est-elle pas une photographie continue du réel incarnant un « mode d'être dans le monde » ? Photographie, parce que produit de l'intellection comme ouvrage (d'art) — intellection impliquant « un arrêt de la pensée sur son objet » ou, *a minima*, un nécessaire ralentissement du « cours des choses, à résister à la facilité de l'imagination », pour réemployer les mots de Pierre Guenancia[1]. Continue, parce que l'expérience seule, continuum perçu, permet de « *comprendre* la réalité », c'est-à-dire d'interagir avec cette dernière en ce sens précis : « Il n'y a même pas d'autre façon de comprendre la réalité [...] que de vivre en elle, ce qui veut dire en suivant la mesure qu'elle scande[2] ».

2° L'individu-objet, le peintre-artiste y^x, *représenté par son art, se représente* par son tableau, sa création, résultat d'une volonté de peindre un « mélange avec les choses du monde ». C'est le plein jeu de l'imagination que met en lumière cette deuxième dimension. Ce n'est plus par l'intellection que l'imagination s'éveille, mais par une autoréflexivité induite dans l'œuvre d'art. Certes, l'œuvre d'art ne saurait se limiter à l'ouvrage d'art, produit fini, par *fonction*, de l'*intellection-intellective* (recto, précisé en 1°). Toutefois, ce même ouvrage comme produit fini de l'intellection-intellective se trouve doublé d'une production supplémentaire et

---

[1] Ibid.
[2] Ibid.

contigüe à la fois ; il produit en effet par *destination*, une *altérité imaginative*, qui peut être symétriquement nommée *intellection-imaginante* (verso). Recto fonctionnel et verso télique sont indissociables dans la compréhension de l'émergence de cette autoréflexivité de l'œuvre d'art, *imagination-imaginative*, et de ce détachement progressif, nécessaire — parenthèse reprenant la grammaire de l'épochè — mais temporaire (dans l'absolu) de l'intellection.

3° En dernière instance, cette même volonté se trouve pleinement accomplie par le processus d'historicisation de la création, processus qui la fait « rentrer » de façon tangible, dans la même strate de réalité que celle du peintre-artisan, jusqu'à devenir elle-même un support possible de la *technè* d'un autre artisan ($z^{y^\wedge x}$) ou du peintre-artisan lui-même ($x^{y^\wedge x}$), que ce soit par la reproduction de l'œuvre, par l'inspiration qu'elle suscite, par son exposition dans une institution muséale, par sa vente par un commissaire-priseur, etc. À ce stade, la simulation d'une phase performative, l'*imagination-intellective*, devient pleinement l'objet de cette troisième dimension de l'interactivité dynamique intellection/imagination ; étape finale manifestée dans un premier cycle de temporalité propre à l'œuvre d'art concernée, cycle historicisé et datable. Par exemple pour l'un des premiers cycles sélectionnés de la temporalité du *Gladiator by Candlelight* de Wright : temporalité de l'intellection-intellective avec l'entrée en matière de la tâche du peintre-artisan au début de la décennie 1760 ; précipité et/ou condensé des temporalités de l'intellection-imaginante et de l'imagination-imaginante, de l'année d'achèvement de la tâche (1765) jusqu'à un premier usage intellectif —

en l'espèce, ce qui est choisi étant le mezzotinto de l'œuvre par William Pether, en date du 10 juillet 1769[1].

Ainsi : intellection-intellective, intellection-imaginante, imagination-imaginante, imagination-intellective ; quatre « régimes de conscience possibles [et même] quelquefois mêlés[2] » disposant de leur temporalité propre au sein de la temporalité générale de l'œuvre d'art concernée.

Qu'ont à voir ces variations avec l'approche esthétique de la science de Wright of Derby ?

Bien qu'apparemment fastidieuses, elles constituent le noyau contextuel dans lequel se déploie, au cœur de l'art de Wright, une représentation particulière de l'heuristique mimétique.

Il faut considérer qu'une première étape a été franchie. Ces quatre compréhensions successives, présentées sous une forme modale, composent une certaine coopération hétérogène imagination/intellection. Quoiqu'imparfaites, ces compréhensions minimales, suffisantes, sont à mettre au crédit d'un modèle matriciel pour la représentation de l'heuristique mimétique proposée par Wright : un régime intégratif mimésis/science. C'est la seconde étape étudiée.

∴

Sans encombrer le lecteur de problèmes eidétiques outre mesure, il est donné dans cet ouvrage une définition instrumentale de la mimésis. Cette

---

[1] E.E. Barker, « Documents relating to Joseph Wright 'of Derby' (1734-97) », *The Volume of the Walpole Society*, vol. 71, 2009, p. 70.

[2] P. Guenancia, p. 136.

définition est directement reprise d'un article de 2010 de Barbara Carnevali : « La forme de discours qui se donne pour but de restituer l'objectivité du réel par sa représentation, et en particulier par la description évidente, plastique, rigoureuse, de ses manifestations phénoménales ».

Carnevali pose les grandes balises d'un terrain de réflexions à explorer entre le champ des sciences et le champ de la mimésis (qui se trouve appliquée dans son papier de façon plus spécifique à la mimésis dans le domaine littéraire). Rien n'empêche, dans un usage pratique, d'étendre cette conception de la mimésis à la figuration picturale dès lors qu'est conservée la précaution originale de l'adaptation qu'implique le passage d'une réflexion sur la mimésis littéraire à la mimésis picturale[1]. Rapprochement par ailleurs justifié par l'auteur elle-même, lorsqu'elle évoque le fait que « c'est d'ailleurs l'hypotypose, en dernière analyse, qui justifie le principe de l'*ut pictura poësis* : c'est grâce à son potentiel évocateur que le langage verbal peut rivaliser avec la peinture, en recréant en mots des images du monde réel hautement mimétiques et illusionnistes » :

> « Cette conception de la mimésis peut jouer un rôle décisif de médiation dans la réflexion épistémologique actuelle sur la méthode des sciences humaines : grâce à sa valeur à la fois esthétique et cognitive, elle permet en effet de dépasser l'opposition, d'origine principalement positiviste, entre art et science. [...] La mimésis ne présuppose pas une vision exclusive du rapport entre savoir scientifique et savoir humaniste. [...] Elle ne

---

[1] A. Mavrakis, « Devant le tableau », *L'Atelier Michon*, Vincennes, Presses universitaires de Vincennes, 2019, pp. 123-139.

> distingue pas aussi nettement entre une forme scientifique, dotée d'une haute valeur cognitive en vertu de la rigueur et de l'exactitude de ses procédures (la *méthode* tant vantée de la science) et une forme esthétique purement décorative (l'obsession du style et du « bien écrire » qui serait typique des littéraires). [...] Le discours de la science et celui de la littérature ne sont pas séparés par la distance sidérale du cliché positiviste : tous deux peuvent en effet partager la même exigence de vérité et de « justesse », dès lors qu'ils s'efforcent de trouver [...] la correspondance la plus précise possible entre les phénomènes observés et les mots utilisés pour les décrire et les nommer. Tel est ce qui advient, en général, lorsque la nature même du phénomène étudié dicte la méthode pouvant conduire à sa connaissance[1] ».

Le lecteur n'aura aucun mal à saisir toute la portée de cette réflexion sur l'art de Wright dans son croisement avec la science[2].

D'abord, du point de vue de la définition de la mimésis elle-même, telle que reprise en l'espèce. De par son art, qui est pictural, Wright développe évidemment une forme directe d'hypotypose, forme « qui se donne pour but de restituer l'objectivité du réel par sa représentation ». Si son art est profondément mimétique, il est tout aussi évident

---

[1] Pour une lecture complète de l'article : B. Carnevali, « Mimesis littéraire et connaissance morale. La tradition de l'éthopée », *Annales. Histoire, Sciences sociales*, vol. 65, no. 2, 2010, pp. 291-322.

[2] En classe préparatoire, j'eus, en littérature moderne, un professeur (désormais à la retraite) qui nous initia à la fonction mimétique par l'analyse du roman de Michon, *Les Onze*. Je réutilise quelques-unes de ces connaissances dans cet ouvrage. Pour creuser davantage la réciprocité d'une réflexion mimétique poétique/peinture par le truchement de la littérature dans l'œuvre de Michon.

qu'il n'est pas le seul à développer une telle fonction. Ensuite, c'est du point de vue de cette dernière, de cette fonction, que la mimésis de Wright intercède précisément — c'est même tout l'écho que l'on peut rationnellement donner à la compréhension de son art — entre « savoir scientifique » et « savoir humaniste » ; intercession qui « ne distingue pas aussi nettement entre une forme scientifique [...] et une forme esthétique ». N'est-ce pas d'un point de vue purement esthétique-thérapeutique que s'entend l'art de Wright, « vide comblé », « mélange avec les choses du monde » dont la peinture est un appel, encouragement à contempler les « merveilles » du monde en silence plutôt « qu'à les rechercher avec présomption » ?

À cet homme que Wright n'aura pas réussi à persuader, le pascalien pourrait se demander : « Que fera-t-il donc, sinon d'apercevoir quelque apparence du milieu des choses dans un désespoir éternel de connaître ni leur principe ni leur fin ? ».

La lumière — les Lumières ? — de Wright of Derby s'enracine dans l'entendement d'une humilité, loin du préjugé de l'homme présomptueux gagné par la foi du progrès technique. La science est œuvre d'humilité : recherche, en quelque sorte, avec modération, au cœur du nexus qu'est le monde comme œuvre. Œuvre de Dieu pour Pascal. Œuvre en tant qu'ouvrage dans le traitement pictural de Wright, dont la coloration ne pouvait illustrer que la condition intrinsèque de ce monde : un clair-obscur constant.

Sa curiosité (toujours Pascal), Wright of Derby ne l'a-t-il pas changé en admiration — et offerte comme telle à ses contemporains et à la postérité, « jusqu'à la toute fin[1] » ? C'est de cette façon qu'une approche minimale du régime intégratif mimésis/science de Wright doit être intégrée.

Le carré croisé de l'heuristique mimétique

Wright of Derby, dans cet entre-deux qu'il fait figurer directement dans son art par la technique du clair-obscur, ne peut dès lors qu'élaborer une *certaine heuristique esthétique* par la mimésis. En son fondement, les éléments évoqués : à la fois la coopération intellection/imagination et le régime mimésis/science.

Mais pour expliquer au plus près ce que peut bien signifier cette forme spécifique d'heuristique esthétique de la mimésis chez Wright, plutôt que de longs détails préalables, une image. Cette image, c'est celle du « carré croisé », qui rompt ainsi avec une simple structure de figuration linéaire (à l'instar des âges du positivisme comtien). Plutôt qu'être à échéance successive, celle-ci se comprend sur le registre de plusieurs statuts parallèles, croisés et interactifs.

---

[1] « Dans ses dernières années de vie, Wright se concentra de plus en plus sur les paysages, fondant son inspiration sur les scènes sublimes de son Derbyshire natal, le Lake District (qu'il visita en 1793 et 1794), et sa propre imagination foisonnante. [...] Il s'évertua à parachever de nouveaux effets picturaux (des arcs-en-ciel aux galets que l'on pouvait percevoir au fond de l'eau claire) et ce, jusqu'à la toute fin. Il mourut chez lui en 1797 après quatre mois de maladie ». Libre traduction de l'anglais. E.E. Barker, p. 4.

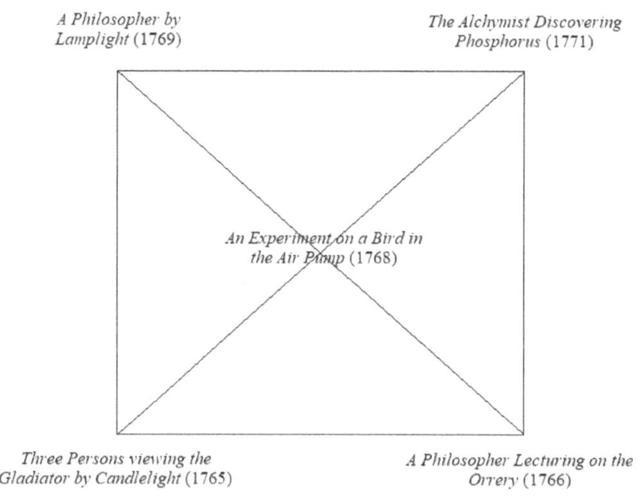

Figure 3. L'image du carré croisé : l'heuristique mimétique pluri-statutaire chez Wright of Derby

Les œuvres convoquées dans le carré croisé représentent chacune des dimensions croisées de l'heuristique mimétique. Pour reprendre l'analogie du kaléidoscope, elles constituent, par leur caractère propre, une fenêtre d'ouverture sur un ensemble thématique subsumé sous le thème général de l'heuristique esthétique de la science chez Wright of Derby. Lesquelles dimensions de la science se reflètent aussi bien dans les champs de recherche, que dans les agents et les méthodes que Wright fait figurer.

Cinq œuvres, donc, pour cinq dimensions ; cinq statuts, cinq temporalités de « l'aventurier » de la connaissance : l'esprit philosophique (*A Philosopher by Lamplight*), l'esprit historique (*Three Persons viewing the Gladiator by Candlelight*), l'esprit alchimique (*The Alchymist Discovering Phosphorus*), l'esprit naturaliste (*A Philosopher Lecturing on the Orrery*) et l'esprit scientifique (*An Experiment on a Bird in the Air Pump*). Son art n'est autre que figuration de la sédimentation de ces cinq caractères modaux, cinq continents gnoséologiques qui participent de la configuration d'une approche interprétative du savoir. La mimétique est une fonction, celle de « l'entière extension cognitive [...] attribuée par Aristote[1] » à cette dernière.

---

[1] B. Carnevali, p. 43.

Figure 4 : Joseph Wright of Derby, *A Philosopher by Lamp Light. A Hermit Studying Anatomy* (1769).

Huile sur toile, 128,2 x 102 cm, Derby Museum and Art Gallery, Derby, Royaume-Uni.

1° L'esprit philosophique (fig. 4) : *A Philosopher by Lamplight* (1769) – Éveil et connaissance. Des variations, sur le fondement de cette même relation, peuvent aisément présager des horizons de sens qu'elles dégagent. Illustrant la solitude du philosophe, image d'Épinal de la culture occidentale, Wright of Derby joue sur les proportions pour figurer un écart. Écart entre le sujet pensant (qui s'isole et se grandit par l'introspection) et les deux sujets périphériques, découvreurs prudents, quasiment apeurés par cette geste humaine qui se dessine dans un rapport avec la mort figurée par les os manipulés par le philosophe. Des découvreurs qui, par la force des choses, sont plus petits (parce que moins emphatiques, peut-être ; moins *prétentieux* ?).

Sous-titré *A Hermit Studying Anatomy*, le statut du philosophe couve un second écart : contingence de l'existence humaine (mortelle ; délimitée comme la nuit dont les ombres seront bientôt dissipées ; confrontée à la finitude, comme la lampe elle-même s'éteindra à coup sûr) et attitude face à cette dernière : attitude du philosophe, mélancolique ; attitude des aventuriers, apeurés. Aussi, deux attitudes caractérisées face à la *connaissance comme éveil* : mélancolique, solitaire, immergée à l'instar du philosophe ; prudente, collective, distante, à l'instar des deux compagnons.

Hors du cadre figuré par Wright, le décentrage est instructif. Les deux attitudes demeurent possibles dans l'esprit contemporain à cette seconde moitié du XVIIIe siècle, une quête avancée sur des terres nouvelles à explorer, des terres techniques à découvrir ; le prolongement de la recherche sur le continent de la connaissance par l'abstraction du sujet qui se singularise face à la collectivité. Inéluctabilité de la condition du sujet pensant : la lampe grâce à laquelle ce continent se découvre et s'explore — la raison —, un continent originellement plongé dans la pénombre, va vers sa fin[1].

[1] En creusant la notion paracelsienne d'Erkennen, j'ai été surpris de tomber sur une thèse fort récente qui met aux prises deux dimensions : les représentations de l'érudition dans la fiction et les usages de l'érudition. Dans les représentations : le professeur et l'aïeul, le chercheur et le médecin, l'enquêteur et l'historien, etc., un peu à la manière dont sont explorées les différentes représentations du sujet pensant de Wright dans les cinq œuvres évoquées. Reprenant une formule de Foucault, « entre le livre et la lampe », l'auteur explore la réconciliation science/littérature sur le mode de la mimétique aristotélicienne « réhabilitée » sous une forme foucaldienne.

Figure 5 : Joseph Wright of Derby, *Three Persons viewing the Gladiator by Candlelight* (1765).

Huile sur toile, 101,6 x 121,9 cm, Derby Museum and Art Gallery, Derby, Royaume-Uni.

2° L'esprit historique (fig. 5) : *Three Persons viewing the Gladiator by Candlelight* (1765) — La grande aventure engagée sur le terrain de la connaissance fait l'objet d'un processus d'historicisation : elle possède ses propres repères temporels, s'inscrit dans des dimensions de sa représentation sur le temps long et propre à une certaine forme d'évolutionnisme. Historicisée par le *continuum des choses*, historicisée réflexivement par le travail même des historiens qui retiennent une « catégorie classificatoire qui permet de rendre compte de la signification [de l'objet étudié, relevant] d'une construction scientifique qui doit permettre d'organiser les idées positives qui ont été dégagées au cours de l'étude d'un corpus donné[1] ».

Pour l'esthète qui souhaite replacer l'œuvre dans son contexte historiographique, l'allusion aux Lumières est évidente : elle se place même au centre de la scène dépeinte, et fait l'objet d'appréciation respective par trois personnages gravitant autour de ce centre lumineux qui éclaire la statue type antique du gladiateur. Par-delà, bien sûr, un humanisme certain, un homme de Vitruve à la façon de Wright, sous un angle différent.

Par ailleurs, les trois personnages signifient des perspectives différentes sur un même objet, comme les historiens le sont face à de mêmes objets historiques : la connaissance est ici objet de représentation visuelle ; les hommes eux-mêmes semblent représenter le cours de l'histoire, comme s'ils étaient à trois stades de la vie (la jeunesse du

[1] O. Tholozan, *Henri de Boulainvilliers. L'anti-absolutisme aristocratique légitimé par l'histoire*, Aix-en-Provence, Presses universitaires d'Aix-Marseille, 1999, p. 315.

personnage à droite ; l'âge médian du personnage central ; le vieil âge à gauche). La lumière est dégagée par la bougie qui suit la même analogie que la lampe du philosophe. Elle n'éclaire que parce que la pénombre l'entoure, l'ignorance fondamentale qui mène au désir d'une *chasse à la connaissance.* Le thème de l'Antiquité par le gladiateur, *la raison combattante et esthétisée* dans sa dimension classiquement étudiée de la Renaissance (qui procède à une réhabilitation conscientisée du temps long du savoir humain et de son potentiel de perfectibilité en fonction des perspectives choisies sur ce dernier) n'est pas exploré dans la présente analyse, mais il constitue l'une des toiles de fond de l'art de Wright.

3° L'esprit alchimique (fig. 2) : *The Alchymist Discovering Phosphorus* (1771) — Le lecteur se référera à l'analyse qui fut livrée en I(3) à ce propos, en particulier la notion d'Erkennen, l'alchimiste constituant ce passage *incarné* entre un monde de savoirs indissociés et une autonomisation de la littérature[1] au XVIe siècle[2].

---

[1] Je considère que la notion d'autonomisation du politique au XVIIe siècle (après l'autonomisation de la littérature dès le XVIe siècle) joue un rôle certain dans l'appropriation d'une esthétique de la science chez Wright of Derby. Cette dernière jouit sans nul doute de cette conscientisation d'une autonomisation accélérée de la sphère politique au sein des sociétés occidentales qui s'enclenche du vivant de Wright of Derby, au XVIIIe siècle, particulièrement avec l'industrialisation. L'économie elle-même subit les premiers émois d'un détachement progressif au sein même du politique, cette dissociation jouant de fait dans un grand mouvement analytique dont l'intuition fut notamment favorisée, pour Bachelard, par « la séparation absolue de l'espace et du temps » : G. Bachelard, *Le Nouvel esprit scientifique*, Paris, Presses universitaires de France, 1968, p. 123.

[2] V. Toubert, « Entre le livre et la lampe : représentations et usages de l'érudition chez Pierre Michon, W.G. Sebald et Antonio

Deux éléments à mentionner toutefois.

D'abord, sur un lien peinture/alchimie par une référence poétique de Pierre Michon : « [...] Car la peinture telle que je l'entends est une fabrique généralisée de noblesse — [avec] des réminiscences de vieux lettrés cloîtrés de Rembrandt, alchimistes ou philosophes[1] ».

Ensuite, une citation directe de la transitivité incarnée par la figure de l'alchimiste, selon laquelle « Paracelse réinvesti et réinterprété incitait à sortir de la bibliothèque, à apprendre par la vue du monde, en accord avec la place nouvelle que prendront l'observation et l'expérimentation dans l'élaboration de la science moderne[2] ».

Tabucchi », Thèse de littérature, Université Sorbonne Paris Cité, 2019, p. 9 : « Revenant sur l'idée de la dualité ou de la séparation entre science et littérature, Foucault propose de comprendre la production littéraire comme [...] production d'énoncés potentiellement porteurs de formes de savoir. Les savoirs et la littérature ne sont pas séparés ou opposés ; les énoncés qui les constituent s'empilent, forment des strates, dans des dispositifs qu'il faut tenter d'ouvrir et de déplier ». Plus loin, la référence à Paracelse est directement marquée par la lecture que l'auteur fait du corpus de W. G. Sebald, pp. 202-203 : « La citation [latine, par le biais d'une référence cachée à Paracelse] intervient [...] pour marquer la différence entre un mysticisme prémoderne qui intègre l'étude de la nature à une cosmologie chrétienne, et les élaborations rationnelles des Lumières caractéristiques du temps de Steller [c'est-à-dire la première moitié du XVIIIe siècle] où les argumentations sont fondées sur l'observation de la nature et l'expérimentation ».

[1] P. Michon, *Le Roi vient quand il veut. Propos sur la littérature*, Paris, Albin Michel, 2007, p. 70.

[2] Pour le poème de W.G. Sebald, repris par V. Toubert, p. 203 : « Des journées entières / au sous-sol de la bibliothèque universitaire / j'ai lu les écrits de Paracelse, / où il est dit que rien de bon / ne vient e septentrione / et que le corps est coloré par la maladie / comme une étoffe / par une teinture inconnue ».

Figure 6 : Joseph Wright of Derby, *A Philosopher Giving that Lecture on the Orrery, in which a Lamp is Put in Place of the Sun* (1766).

Huile sur toile, 147,3 x 203,2 cm, Derby Museum and Art Gallery, Derby, Royaume-Uni.

4° L'esprit naturaliste (fig. 6) : *A Philosopher Lecturing on the Orrery* (1766) — Plus que toute autre des œuvres de Wright, l'*Orrery* révèle ce qu'il faut entendre par un « enchantement du monde par la science » ; incommensurabilité de la singularité élémentaire de chaque chose dans son (ses) rapport(s) au monde, son ou ses configuration(s). Marque de cette saisie pascalienne, de cette injonction au silence contemplatif ; d'une curiosité qui se fait admiration. L'esthète est directement engagé dans cette démarche, comme pris sur le vif, piqué par la forme de figuration de l'ἐνέργεια (*energeia*) aristotélicienne (en puissance/en acte) ; energeia postulant notamment que l'être en puissance peut ne pas être et qu'il « est donc inutile de se donner une chose en puissance comme raison ou fondement d'une chose existante, car une chose en puissance pourrait bien ne jamais passer à l'acte[1] ».

Suivant cette lecture, inutilité pratique, peut-être (ou légitimité pratique insuffisante, *a minima*), mais un registre esthétique sur lequel il est permis de s'épancher avec bonheur. Les mondes possibles et leurs configurations sont à peine esquissés par la posture adoptée par chacun des personnages.

De gauche à droite : le scribe, qui transcrit le phénomène ; les enfants, fascinés ; le professeur qui *explique* (par rapport à ce qui est *impliqué* dans la nature) ; l'homme aveuglé, la main devant ses yeux ; un autre, happé ; une femme, penchée, vue de dos, captivée à l'instar des enfants qui lui font face. La posture physique n'est que le reflet de l'attitude face à la fascination induite par la marche du monde que

---

[1] A. Jaulin, « L'acte (*energeia*) comme fondement chez Aristote », *Philosophie*, vol. 4, no. 127, 2015, p. 8.

l'explication scientifique rend contemplatif. Aussi le professeur est-il le passeur des choses, de la puissance contemplative en acte d'expérimentation ; il appuie l'intercession entre la nature et l'homme, il est partie prenante de la *philosophie naturelle*.

En effet, c'est encore par le discours que se concrétise cette réalisation. Aristote considérait que l'amant de la sagesse figurait parmi ces « gens qui discouraient sur la nature » ; Leo Strauss rappelle que « la philosophie, par rapport au mythe, vint à exister lorsqu'on découvrit la nature ; le premier philosophe fut le premier homme qui découvrit la nature », « l'histoire de la philosophie [n'étant] autre chose que l'histoire des efforts incessants de l'homme pour arriver à saisir toutes les implications de cette découverte fondamentale que nous devons à quelque Grec obscur, il y a deux mille six ans ou plus »[1].

À ce titre, le traitement pictural de la dimension religieuse (au sens étymologique du « lien ») de ce cheminement vers la sédimentation de la science est précisément caractéristique de la révélation qu'offre cette dernière. La lumière n'est plus ici directement figurée par une lampe (1° ; 3°) ou une bougie (2°) : sa source n'apparaît plus directement. Quant à sa puissance — aveuglante pour l'un des personnages —, elle se fait de plus en plus patente. La *Licht der Natur* passe à un autre stade, dirigée vers l'esprit scientifique.

Wright of Derby expose la fin d'une ère et le début d'une nouvelle : la queue de comète de la lecture médiévale parallèle des deux livres, « le livre de l'univers à déchiffrer par l'homme et le livre biblique

[1] L. Strauss, *Droit naturel et histoire*, Paris, Flammarion, 1986, p. 84.

qui lui avait été confié pour être interprété[1] ». C'est dans le livre de l'univers même que se croisent désormais lecture et interprétation.

[1] A. Delzant, « Science et foi : de l'épistémologie à l'éthique », *Raisons politiques*, vol. 4, no. 4, 2001, p. 84.

Figure 7 : Joseph Wright of Derby, *An Experiment on a Bird in the Air Pump* (1768).

Huile sur toile, 182,9 x 243,9 cm, National Gallery, Londres, Royaume-Uni.

5° L'esprit scientifique (fig. 7) : *An Experiment on a Bird in the Air Pump* (1768) — Difficile d'aborder ce tableau sans faire référence à un passage particulier de *L'Avenir de la science* d'Ernest Renan. Ce passage est lu à la lumière même de cette œuvre (et inversement) après la référence à la dimension religieuse de l'art de Wright (évoquée en 4°) dans son traitement de l'expérience scientifique et préscientifique :

> « Par toutes les voies nous arrivons donc à proclamer le droit qu'a la raison de réformer la société par la science rationnelle et la connaissance théorique de ce qui est. [...] La science renferme l'avenir de l'humanité, qu'elle seule peut dire le mot de sa destinée et lui enseigner la manière d'atteindre sa fin. Jusqu'ici ce n'est pas la raison qui a mené le monde : c'est le caprice, c'est la passion. Un jour viendra où la raison éclairée par l'expérience [...] conduira le monde non plus au hasard, mais avec la vue claire du but à atteindre. [...] Organiser scientifiquement l'humanité, tel est donc le dernier mot de la science moderne, telle est son audacieuse mais légitime prétention[1] ».

L'avènement, le dévoilement, la contemplation, la transformation : tout y est concentré, synthèse par excellence du *religieux par la science*, expérience mystique irréductible à l'explication — sinon au regard du contemplateur.

Deux éléments en ce sens par rapport au scientifique dépeint par Wright : 1) Un scientifique qui n'est absolument pas pris sur le vif de *l'explication du phénomène* (contrairement au philosophe naturel du 4°), mais expérimente par *l'implication de la*

---

[1] E. Renan *in* A. Petit (éd.), *Ernest Renan. L'Avenir de la science (1848)*, Québec, Classique des sciences sociales, 1995, p. 50.

nature dans la technique (symbolisé par l'oiseau dans la fiole) ; 2) Un scientifique *regardant directement l'invisible de son monde* : c'est-à-dire nous-mêmes, l'esthète *qui donne un sens à la figuration dont il est partie prenante*. Arrogance perceptible, sourcils relevés : un défi aux allures prométhéennes lancé à l'esthète, lui qui, analogiquement à « l'hypothèse-Dieu » de Laplace, livre le sens de la présente scène dont le scientifique constitue l'un des éléments.

En bref, Wright promet une initiation à la science par le religieux. Religieux défini par extension comme « la relation de la société des humains avec la société universelle des invisibles étendue jusqu'à l'infini et à l'éternité » et qui s'instaure « à travers les rites maniés comme l'équivalent pratique des paroles » (l'expérience scientifique) « se déployant dans et par le symbolisme [...], immédiatement et indissociablement relation à l'infinité du symbolisable et du sens possible »[1]. Des sens possibles dans lesquels est aisément articulée l'interprétation sur l'energeia d'Aristote, ici dans l'entendement non pas d'une simple négation, mais d'un dépassement pur de « l'invalidité logique du schème de passage de la puissance à l'acte » et, conséquemment, de « l'affirmation de l'éternité du monde [impliquant] l'absence de génération du *kosmos* et se [développant] par la priorité de l'acte sur la puissance »[2].

La science remontant à la puissance : cette entrée dans un Occident post-aristotélicien regarde « dans les yeux » les possibles et leur potentiel générateurs, non sans provoquer effroi (le regard de l'enfant posé

---

[1] Pour cette compréhension extensive du religieux et de la religion : A. Caillé, « Nouvelles thèses sur la religion », *Revue du MAUSS*, vol. 2, no. 22, 2003, pp. 318-327.
[2] A. Jaulin, p. 8.

sur l'oiseau) et polémique. Rideaux clos sur la nature en acte — de nuit — que s'apprêtent à faire tomber le jeune garçon sur la fenêtre. Scène centrale, lumineuse, directe, sur la nature en puissance, à l'intérieur.

Wright of Derby n'annonce pas autre chose que la réponse des hommes de son temps à Aristote. À ce dernier qui soutenait la contingence de l'être en puissance, soit : il est nécessaire que « l'être en puissance peut ne pas être » (autrement dit, une nécessité de la contingence), les scientifiques suspendent la contingence de l'être en puissance. Désormais, il est contingent que l'être en puissance peut ne pas être (autrement dit, une contingence de la contingence).

L'absolu est à portée de main. La spéculation sur la puissance devient féconde en acte. Tel est l'horizon de la science que Wright peint. Renan, une nouvelle fois :

> « Je vais plus loin encore. L'œuvre universelle de tout ce qui vit étant de faire Dieu parfait, c'est-à-dire de réaliser la grande résultante définitive qui clora le cercle des choses par l'unité, il est indubitable que la raison [...] prendra un jour en main l'intendance de cette grande œuvre et, après avoir organisé l'humanité, organisera Dieu. [...] Qu'il me suffise de dire que rien ne doit étonner quand on songe que tout le progrès accompli jusqu'ici n'est peut-être que la première page de la préface d'une œuvre infinie[1] ».

L'heuristique mimétique n'est donc pas autre chose que ce « saut post-aristotélicien » qu'explore pleinement Wright dans son art. En fait, la *connaissance sur la connaissance*, dont l'activité scientifique est un angle fascinant de son temps, est

[1] E. Renan *in* A. Petit (éd.), pp. 50-51.

aussi génératrice d'un tournant par les conditions que la Modernité rend possibles. En ce sens, l'autoréférentialité de la connaissance en constitue un processus central, marquant également du sceau du détachement sujet/objet ce même saut post-aristotélicien précédemment évoqué.

Fiat lux, mais d'où vient la lumière ? Vers une esthétique cognitive

La mimésis n'épuise pas le champ gnoséologique dans les œuvres évoquées. Pour cause : la notion de mimésis est héritière d'une considération métaphysique propre au temps d'Aristote.

> « Il est très difficile de distinguer chez Aristote, et plus généralement dans l'horizon de la pensée grecque à l'époque classique, ce qui "vient du sujet", pour ainsi dire, et ce qui "vient de l'objet", en séparant l'activité cognitive du substrat ontologique dont elle est censée découler[1] ».

Comme fil conducteur, le travail sur la lumière est caractéristique de l'art de Wright[2]. Comme l'or que l'on retrouve tout au fil de son art (notamment par son traitement de l'alchimie et de la forge, qui sera exploité plus tard dans l'essai), la valeur de la lumière est métaphorique : « entourée de ténèbres, la lumière

---

[1] D. Guastini, « Représentation ou répétition ? À propos de la traduction du mot *mimèsis* dans la *Poétique* », vol. 2, no. 182, 2016, p. 41.

[2] Reprenant J. Egerton, *Wright of Derby*, New York, Metropolitan Museum of Art, 1990 : L. A. Laws, « Joseph Wright of Derby: His Inspirations and Symbols », Thèse de maîtrise en art, Texas Woman's University, 2013, p. 15.

ne peut être vue en elle-même, mais permet la visibilité en surface[1] ». En cela, la lumière dans l'art de Wright est assimilable à « l'entendement » de la philosophie classique dualiste. Philosophie qui s'affirme dans la théorie de la connaissance sous la forme de la *res cogitans*, « substance dont toute l'essence ou la nature n'est que de penser », jetant les bases d'une réflexion paradigmatique : « qu'est-ce que l'esprit humain ? »[2]. Or une généalogie du croisement esthétique/cognition est intéressante à cet égard, Wright of Derby constituant, en quelque sorte, un nœud dans ce croisement par l'intermédiaire du traitement de la science et de son évolution.

Suivant Hegel qui considère dans son *Esthétique* que « l'art est l'esprit se prenant pour objet[3] », le problème cognitif qu'induit le traitement esthétique, davantage encore lorsqu'il prétend traiter de la science et de la formation de la connaissance, est important en ce qu'il pose les fondements d'une réflexion contemporaine sur le croisement esthétique/cognition.

Wright of Derby est un bon passage vers cette réflexion qui fait l'objet d'un ouvrage récent. Cet ouvrage coopératif pose en ces termes le problème contemporain, à la suite du développement des sciences cognitives, de la remise en cause du béhaviorisme en philosophie de l'esprit et du

---

[1] M. Adrien, « Gold in Wright of Derby's Paintings », *Polysèmes. Revue d'études intertextuelles et intermédiales*, vol. 15, 2016, p. 1.

[2] Reprenant le *Discours de la méthode* de Descartes : P. Soual, « *Res cogitans* et *res extensa* dans les *Méditations* métaphysique et physique chez Descartes », *Revue de métaphysique et de morale*, no. 2, 1999, p. 231.

[3] G.W.F. Hegel, p. 20.

traitement computationnel instrumental des problèmes philosophiques traditionnels :

> « L'impression qui se dégage de plus en plus fortement des multiples publications sur ces sujets nous montre une psychologie instrumentalisante, fort éloignée de ses origines philosophiques. [...] Il n'est pas très certain que les caméras à positon soient capables de nous renseigner sur le concept de beau, et l'implication idéologique de ces recherches ne doit pas être sous-estimée. Certaines fondations américaines ne sont-elles pas prêtes à financer [...] des équipes de recherches qui se consacrent à établir — par exemple — l'universalité des structures mentales induites par le système tonal occidental ? Il ne faut pas sous-estimer les enjeux sociaux et politiques qui se cachent derrière l'articulation des deux termes « esthétique » et « cognition ». Un des noyaux du projet [...] sera sans doute de tirer au clair la position du sujet face à l'objet qualifié d'œuvre d'art[1] ».

Wright of Derby n'en est évidemment pas à ce stade. Toutefois, son art inaugure cette entrée en matière dans l'origine de la « connaissance » si l'on admet une lecture de son art influencée par la poétique aristotélicienne — qu'il s'agisse de se positionner ou non en faveur de cette dernière, ou de sa pertinence contemporaine.

---

[1] J.-M. Chouvel et X. Hascher (dir.), *Esthétique et cognition*, Paris, Éditions de la Sorbonne, 2013, p. 11.

Figure 8 : Joseph Wright of Derby, *Moonlight Landscape* (1785).

Huile sur toile, 62,5 x 75,5 cm, The John and Mable Ringling Museum of Art, Floride, États-Unis.

Le *Moonlight Landscape* (circa 1785) de Wright of Derby peut apporter un certain éclairage au propos (fig. 8). D'où vient la lumière – l'entendement ? De nuit, la pleine lune, dissimulée par le pont au-dessus d'un fleuve tranquille, projette son éclat sur un personnage et son âne arrivés au milieu du pont sur fond de montagnes découvertes ; un lampadaire, à l'éclairage faible, est plus resserré sur lui-même que sur ce sur quoi sa lumière est censée se projeter. Le plein éclairage de la lune écrase tout : elle rend l'atmosphère pesante, angoissante, menaçante et enchanteresse. Une disposition scénique que l'on retrouve dans plusieurs œuvres du peintre et qui traduit une proximité avec la thématique burkienne du sublime[1].

En contrebas, un pêcheur ; au premier plan, un arbre qui couvre une partie du fleuve. La lumière baigne tout et permet de tout saisir. Pourtant, la lune reste dissimulée et le personnage, accompagné de sa modeste monture chargée, continue d'avancer et de s'éloigner du lampadaire. Si est finalement restituée l'ampleur du constat aristotélicien selon lequel l'indissociation sujet/objet, dans la perspective cognitive, joue au sein de la représentation poétique, alors l'art de Wright of Derby peut bien assumer « un rôle et une fonction dans une entreprise de connaissance scientifique, dans la mesure où il existe une forme de circularité et de réciprocité [...] entre *une représentation artistique qui délivre une connaissance scientifique* et *une connaissance*

[1] E. E. Barker, « Joseph Wright of Derby's Moonlight Landscape in Cologne », *Wallraf-Richartz-Jahrbuch*, vol. 70, 2009, p. 175.

scientifique qui rend possible une appréciation esthétique[1] ».

Le labeur de la raison, « travail d'élaboration intellectuel », n'est-il pas en quelque sorte figuré par ce personnage accompagné de sa mule, lui qui transite d'un point A à un point B « dans le passage de ce qui est simplement vu à ce qui est *regardé* » — en soi, « œuvre même de la connaissance »[2] ? Et pourtant, n'est-ce pas simultanément le *regard* de l'esthète et le *regard* du voyageur qui, couplés, donnent une vision de la réalité — une représentation de cette dernière qui participe de cet entendement diffus, imprécis, en formation, *en marche vers l'exactitude* ? C'est en ce sens qu'il convient de nuancer ce qui fut qualifié plus tôt de « saut post-aristotélicien » de l'art de Wright, car la mimésis reste et demeure un point névralgique de l'interprétation de l'œuvre de Wright. Là, contre Platon, Wright se range du côté d'Aristote — ou tout du moins prend-il le parti de figurer cette conception plutôt que la première :

> « La thèse est extrêmement forte (et, une fois encore, soutenue à l'évidence contre Platon) : l'art est une entreprise ou une démarche de connaissance. L'art a une fonction cognitive, [...] un effet d'intelligibilité et devient une certaine modalité du connaître ; [...] *connaissance artistique* au sens même où il y a une connaissance scientifique ou philosophique. Il y a des choses dont nous n'aurions aucune représentation et dont nous ne pourrions rien savoir si l'art n'inventait des modes de représentation adéquats. Voir le monde en artiste, c'est se donner une représentation de ce qui, sans l'art, serait

[1] H.-S. Afeissa, « Esthétique de la charogne : Aristote, père de l'esthétique cognitive ? », *Nouvelle Revue esthétique*, vol. 2, no. 22, 2018, p. 130.
[2] H.-S. Afeissa, p. 131.

> irreprésentable. L'art ne reproduit pas le visible, il rend visible, disait Paul Klee — il *représente*, dirait Aristote[1] ».

Certainement, donc, Wright of Derby peut-il être rangé du côté de la tradition de « l'esthétique cognitive ». Une esthétique cognitive qui se trouve comprise à l'aune d'une *naturalisation de la technique*, d'une appréciation *philosophico-esthétique* de la technique. Agissant comme un syncrétisme qui marque une parentèle persistante de la mimésis aristotélicienne où certes, malgré la dissociation bien plus claire entre sujet/objet au temps de Wright qu'au temps d'Aristote, l'esthétique cognitive de Wright demeure empreinte d'une vocation première : l'association fondamentale de l'épistémologie et de l'esthétique.

C'est un mouvement que redécouvriront dans la seconde moitié du XXe des disciplines qui, sous l'effet hégémonique de la spécialisation, avaient scindé « l'esthétique philosophique [qui] avait vocation à comprendre les crises de la modernité » et « la psychologique [qui] se laissait aller aux avancées techniques et aux hypothèses visant la description de l'esprit humain par le modèle de l'ordinateur et de ses computations »[2]. Naturalisation de la technique et, dans le même temps, naturalisation de l'art qui « consiste ainsi à approcher l'art en tant qu'objet naturel dont la structure et les règles sont en continuité explicative avec les phénomènes de la

---

[1] H.-S. Afeissa, pp. 132-133.

[2] D. Jung et B. Trentini, « Sous l'expérience esthétique : Introduction au dossier "Repenser l'interdisciplinarité entre esthétique et neurosciences cognitives" », *Implications philosophiques*, 2020, p. 3.

nature[1] ». Naturalisation encore une fois soulignée par le rappel de la thématique de l'alchimie qui, selon Jung au début du XXe siècle, constitue le « lien historique avec la gnose [qui] rétablissait ainsi la continuité entre le passé et le présent, entre la gnose et la psychologie moderne de l'inconscient » et traçant une « histoire de ce parallèle entre alchimie et processus d'individuation »[2].

La science, telle que représentée par Wright of Derby, est le produit de cette continuité symbolique portée aux nues par la démarche alchimique ; la technique n'est qu'une forme avancée de symbolisation de la nature en ce sens.

L'expérience esthétique

Toutefois, l'art de Wright of Derby ne traite pas uniquement de cette réflexion épistémologique et gnoséologique par l'esthétique, mais, d'un point de vue interne, autoréflexif, de la mutation de la compréhension mimétique de l'art – ce qui est tout à fait significatif lorsque l'on admet la fonction cognitive de l'esthétique dans la tradition aristotélicienne de la poétique. Après tout, « Hume, dès le XVIIIe siècle, commença de soupçonner que la beauté ne se situait pas dans les choses mais dans l'esprit[3] » ; les premiers frémissements de cette pensée du philosophe sensuel

[1] Q. Debray, « Analyse d'ouvrages. Edmond Couchot, *La Nature de l'art. Ce que les sciences cognitives nous révèlent sur le plaisir esthétique*, Paris, Hermann, 2012 », *PSN*, vol. 10, no. 2, 2012, p. 85.

[2] V. Liard, « Jung et l'alchimie. Un lien entre le passé et présent au service du futur », *Cahiers jungiens de psychanalyse*, vol. 1, no. 151, 2020, p. 100 et p. 101.

[3] Q. Debray, p. 87.

devaient bien trouver une application esthétique dans sa contemporanéité. D'autant que la notion d'« expérience esthétique [est] héritée de la tradition empiriste britannique, avec Hutcheson ou Hume [et que l'on] retrouve dans des études de psychologie, aujourd'hui relayées dans les sciences cognitives[1] ».

Il y a une expérience possible de l'esthétique en cette fin du XVIIIe siècle — expérience possible conçue dans un rapport à la nature et au sensible qui se trouve radicalement transformée par la fondamentalisation d'une nouvelle épistémologie au cœur même de la compréhension de la fonction cognitive, notamment reprise en cette fin de siècle par la théorie kantienne du jugement esthétique « considéré comme l'effet du libre jeu entre les facultés cognitives, l'intellect et l'imagination[2] ».

Cette compréhension se réfracte aussitôt dans la propre fonction cognitive de la mimétique par un dépassement du symbolique : *symbolon*, « signe de reconnaissance » où, « en tant que signe, il est condensé, délimité dans une forme, une matérialité sensible, qui vise à l'émotion » et « en tant que reconnaissance, il renvoie à l'appartenance à une communauté qui, par lui, est montrée comme communauté de valeurs[3] ». Le passage ci-dessous d'un article de Carole Talon-Hugon permet notamment de retrouver, par le truchement de cette radicalité, l'immatérialisme berkeleyen.

---

[1] R. Pouivet, « Goodman et la reconception de l'esthétique », *Rue Descartes*, vol. 1, no. 80, 2014, p. 5.

[2] F. Desideri, « Sur l'épigenèse de l'esprit esthétique. Le sens de la beauté, de la survie à la survenance », *Nouvelle Revue d'esthétique*, vol. 1, no. 15, 2015, p. 94.

[3] P. Ory, « L'histoire des politiques symboliques en quatre études de cas », *Hypothèses*, vol. 1, no. 8, 2005, p. 72.

« Au tournant du XVIe et du XVIIe siècle, s'est produit en Europe un changement radical dans la manière de concevoir la nature. Le nouvel esprit scientifique [...] fait qu'elle cesse d'être *cosmos* pour devenir *machine*. L'*épistémè* de la nouvelle science soutient [...] que la matière qui constitue la nature est faite d'unités indivisibles en mouvement, dont rendra compte un mécanisme corpusculaire. On est très loin de l'idée de Nature des penseurs antiques, scolastiques et renaissants. [...] La nature n'est plus la puissance secrète qu'elle était, mais un vaste mécanisme qui doit être défini comme "l'assemblage des corps qui constituent l'état présent du monde, considéré comme un principe par la vertu duquel ils agissent et reçoivent l'action selon les lois du mouvement établies par l'auteur de toutes choses" (D'Alembert et Diderot, 1765, Tome XI : 41). [...] Ainsi, le sensible se subjectivise, non au sens où il est relatif à une individualité singulière, mais au sens où il n'existe que pour un sujet percevant. Mais cette non-objectité du monde senti ne signifie pas son évanouissement. [...] Elle fait au contraire apparaître le sensible comme un monde autonomisé de la transcendance, donc pouvant exister pleinement en tant que tel. Il n'est plus signe, manifestation, symbole, mais domaine ontologique propre. S'il est autonomisé de la transcendance, le sensible n'existe [...] que par l'homme, autrement dit que par, et dans l'expérience esthétique. La promotion du sensible est ainsi indissociable de celle de l'expérience esthétique. On s'en convaincra en considérant l'immatérialisme de Berkeley. [...] Il est intéressant en effet de voir comment cette position philosophique qui pousse à l'extrême la subjectivisation de la nature en soutenant que la matière n'existe pas et que n'existent que des qualités sensibles secondes, augmente plutôt qu'il ne diminue le ravissement éprouvé au contact de la nature[1] ».

---

[1] L'ensemble de l'article est à considérer à l'aune de l'œuvre de Wright of Derby, apportant un éclairage conceptuel passionnant

Ainsi comprend-on mieux la conjugaison, étrange à première vue, entre une forme d'exaltation des sciences et de la technique propre au rationalisme des Lumières (communément admise chez Wright of Derby) et, dans le même temps, la convocation d'un imaginaire du sublime qui préfigure la nostalgie romantique du début du XIXe siècle, une à deux générations après la mort de Wright en 1797.

Talon-Hugon n'ignore pas cette conjugaison — même si son objet d'étude ne concerne pas *directement* l'art de Wright of Derby — puisqu'est mise en balance la « catégorie esthétique nouvelle » et « catégorie rivale » que représente le sublime qui devient « au XVIIIe siècle [...] sujet de représentation » en répondant « à l'*aisthétisation* du beau [...] installé dans l'immanence », alors que le sublime « réintroduit de la verticalité »[1]. L'art de Wright of Derby constitue une singularité interstitielle, pris entre deux eaux : l'improbable « mariage du sublime et de la beauté » de Molesworth, cité plus haut[2].

Dans l'histoire de la poétique (parce que dans l'histoire de la connaissance), un stade nouveau est franchi. Wright of Derby est certes l'héritier du rationalisme poussé dans l'esthétique par la disciplinarisation scientifisante de l'esthétique de Baumgarten dans la première moitié du XVIIIe, mais en même temps celui de la théorie du sublime de Burke de la moitié du siècle :

---

sur son art : C. Talon-Hugon, « Redistribution classique : le sublime comme réponse à l'*aisthétisation* du beau », *La Pensée écologique*, vol. 1, no. 2, 2018.

[1] Ibid.

[2] J. Molesworth, p. 117.

> « Cette subjectivisation du beau signifie que l'expérience du beau n'est plus l'expérience métaphysique du monde. L'argument physico-théologique de l'existence de Dieu par la beauté et l'harmonie du monde ne vaut plus, dans les *Dialogues sur la religion naturelle* de David Hume. [...] Phénomène d'esthétisation du beau produit par la vision subjectiviste, psychologisante et sensualiste des modernes : *le beau n'est plus que beau et n'existe que dans une expérience esthétique.* La belle nature n'est plus affaire de contemplation métaphysique, mais d'expérience esthétique. [...] Le XVIIIe siècle voit l'apparition de la nouvelle *épistémè* qui a mis sur le devant de la scène théorique le rapport sensible au monde [...] au sens que lui donne Baumgarten [qui rappelle] que *aisthesis* signifie étymologiquement, la faculté et l'acte de sentir, [définissant] la nouvelle discipline qu'il entend forger comme *gnoséologie inférieure,* [...] comme la science du connaître par cette faculté inférieure à l'intelligence qu'est la sensibilité. Les *Méditations* en font la "science du mode sensible de la connaissance d'un objet" ou la "logique de faculté de connaissance inférieure"[1] ».

Wright est un Moderne. Même s'il ne s'est pas lui-même intéressé directement dans ses écrits ou dans sa peinture au symbolisme, Wright et son art sont un produit de leur temps qui s'apprécient contextuellement. S'il peint, dans l'adéquation de la caractérisation burkienne du sublime, un volcan en éruption d'où jaillit l'incandescence du trop-plein, une explosion des sensibilités dans son *Vésuve de Portici* de 1776 (fig. 9) — lui-même inscrit dans la continuité de l'étude technique fondée sur la trentaine de tableaux du Vésuve —, Wright est l'héritier du « sentiment esthétique de la nature [qui] est né de

---

[1] C. Talon-Hugon : Ibid.

l'abandon d'une pensée du Cosmos » caractéristique de la philosophie de « Pythagore, Aristote ou Philon d'Alexandrie »[1].

[1] C. Talon-Hugon : Ibid.

Figure 9 : Joseph Wright of Derby, *Vesuvius from Portici* (1774-1776).

Huile sur toile, 101 x 127 cm, The Huntington Library (San Marino), Californie, États-Unis.

En ce sens, si l'ambition de la mimésis aristotélicienne demeure, le saut épistémologique est toutefois bien consommé et la lucidité de l'œuvre de Wright of Derby l'approche par la conjugaison du sublime et du beau. Aussi, d'une *expérience antique rattachée à la métaphysique* à une certaine *conception moderne rattachée à l'esthétique*, l'expérience est désormais « existentielle[1] ».

> « Le sublime signifia la nostalgie de l'absolu ; d'un absolu auquel l'accès est barré en même temps qu'indiqué. Le beau est affaire de sensible et seulement de sensible ; le sublime touche au supra-sensible. C'est ce que dit la phrase qui suit le paragraphe de Schiller [...] : si l'homme préfère le Vésuve, "les cataractes impétueuses et des cimes enneigées de l'Écosse" aux [...] plaines hollandaises et aux fertiles pacages bataves, c'est parce que "l'homme a besoin d'autre chose encore que de s'adonner au bien-être, et [que] la compréhension des phénomènes qui l'environnent n'est pas son unique vocation"[2] ».

Ainsi Wright trace-t-il le chemin d'un dépassement, par la figuration des deux courants exposés.

Rationalisme sensible de Baumgarten d'un côté, procédant de la volonté de maîtrise et de mesure générale des objets par le sujet jusqu'à un horizon utopique d'intégration de la complétude rationalisée des perspectives réifiées — processus intégratif ignorant, oblitérant, amoindrissant la qualité de l'affirmation selon laquelle « même si nous avions la possibilité de diriger l'évolution, nous n'aurions

---

[1] J. Ritter, *Paysage : Fonction de l'esthétique dans la société moderne*, Paris, Éditions de l'Imprimeur, 1997, p. 17.
[2] C. Talon-Hugon : Ibid.

aucune idée de la palette particulière de talents dont nous aurions besoin[1] ».

Nostalgie supra-sensible de Burke de l'autre, comme réactualisation de la métaphysique face au maître des horloges baumgartien ; réintroduction de la pertinence théorique de la contemplation des Anciens, la *theôria*, sous des atours modernes acceptant (ou du moins, ne se départissant pas) de l'acquis hétéronomique sujet/objet. Le tout, en percevant un point de bascule fondamental : « la *technè* s'est transformée en poussée en avant infinie de l'espèce, et en son entreprise la plus importante [jusqu'à] la transformation de l'essence de l'agir humain[2] ».

D'où en creux la fonction cathartique, purificatrice, devenue essentielle dans la condition moderne, de la suspension du jugement, l'épochè, par-delà sa dimension cognitive : la contemplation entre dans le champ du quasi-thérapeutique.

Ce dépassement de Wright est effectivement rendu par l'exploitation d'un médium que l'histoire du politique a discriminé, et ce, dès toute possibilité fondamentale d'émergence d'un principe fédératif (qu'il soit contractualiste, ainsi qu'avalisé pour les sociétés humaines dans la Modernité occidentale, ou non) et stigmatisé par son expurgation de la Cité : la technique. La technique comme un pont, dans le logiciel moderne, entre une dynamique du progrès et sa contraposée conservatrice. Et sur ce pont, *homo in*

---

[1] E. Mayr, *Histoire de la biologie. Diversité, évolution et hérédité*, Paris, Fayard, 1989, p. 576.

[2] H. Jonas, *Le Principe responsabilité. Une éthique pour la civilisation technologique*, Paris, Cerf, 1990, p. 27.

imagine ambulat : « l'homme marche dans l'image[1] ».

Cet homme qui marche dans l'image, Wright of Derby lui-même le consacre dans sa figuration. Il a un nom, une généalogie, une espérance : *homo faber*. Un *homo faber* qui, à l'infinité des univers pascalienne, répond non tant pas le fait de *combler* ce néant que par le fait d'en *créer* de nouveaux[2] — nouvelle dimension existentielle de la cognition amenée par l'esthétique[3].

---

1 S. Bernas (dir.), *Le Corps sensible*, Paris, Éditions de L'Harmattan, 2013, p. 258.

2 Existe-t-il une stratégie d'évitement existentielle rattachée à l'expérience esthétique — elle-même existentielle ? Un thème longtemps mésestimé par la philosophie occidentale, l'ennui, est peut-être à même livrer quelques pistes de réflexion à ce sujet. À la question : « Les métaphysiciens ne sont-ils pas capables de retrouver en [l'ennui] une sorte de primitivité ontologique ? », Jankélévitch répond que « l'ennui serait plutôt le *plein du vide*, l'être du Rien ». Mis en relief avec la réflexion pascalienne inaugurale du présent chapitre, la technique comme *création* de nouveaux univers potentiels plutôt que *comblement* de la condition humaine placée dans la dimension cosmologique (déjà sur sa pente « déclinante » dans la conceptualisation occidentale au temps de Pascal) serait une façon d'échapper à la confrontation à la centralisation thématique de l'ennui dans la conscientisation du temps. Rappelons Pascal : « Qu'est-ce que l'homme dans la nature ? Un néant à l'égard de l'infini, un tout à l'égard du néant, un milieu entre rien et tout ».

3 V. Jankélévitch, *L'Aventure, l'Ennui, le Sérieux*, Paris, Flammarion, 2017, pp. 144-147.

L'AVÈNEMENT DE L'ÂGE DE LA TECHNIQUE

> « *With all my heart, Wright, I'll give you air and you'll give me fire* » — Richard Wilson à Joseph Wright of Derby[1].

La technique est lumineuse jusqu'à la flamboyance. Elle peut se révéler dans la mesure de l'adéquation, dans la maîtrise des formes, mais également dans le sublime de ses infinies potentialités. Le XVIIIe siècle (plus que tout autre siècle passé), reflet de la Modernité en toute puissance, illustre en Europe occidentale « un recentrement historique de l'agir humain autour de l'agir technique [...] qui donne le droit de parler de notre temps comme de l'âge de la technique[2] ».

Toutefois, la technique est aussi et surtout le résultat d'un travail qui ramène sur terre, dans la réalité la plus triviale, l'activité technique au sein d'une production économique. « J'attends », avoue Wright of Derby à son ami William Hayley, « honneur et profit[3] » comme réponse de l'effort fourni pour la réalisation de son *View of Gibraltar* achevé en 1785

---

[1] W.P. Carey, *Letter to I... A... Esq., A Connoisseur, in London*, Manchester, R. et W. Dean, 1809, p. 21, repris dans D. de Witt, « Quest for fire: Retrieving Joseph Wright of Derby's *View of Gibraltar* » *in* J.M. Brooke (dir.), *Lost and Found. Wright of Derby's* View of Gladiator, Queen's University, Kingston (Ontario, Canada), Agnes Etherington Art Centre, 2011, p. 25.

[2] J.-P. Séris, *La Technique*, Paris, Presses universitaires de France, 2013, p. 339.

[3] Lettre de Wright à Hayley, 13 janvier 1783, reprise dans J.M. Brooke, p. 33.

(fig. 10). C'est un leg de l'artisanat — chez « les Modernes [qui] ont introduit des distinctions inconnues ou mal perçues par les Anciens[1] » — dans le statut de l'artiste, alors que le *Dictionnaire de l'Académie* distingue en 1762, c'est-à-dire du vivant de Wright, l'artiste (« celui qui travaille dans un art où le génie et la main doivent concourir : un peintre, un architecte sont des artistes ») de l'artisan (« ouvrier dans un art mécanique, un homme de métier »).

---

[1] E. Lévy, « La dénomination de l'artisan chez Platon et Aristote », *Ktèma. Civilisations de l'Orient, de la Grèce et de Rome antiques*, no. 16, 1991, p. 7.

Figure 10 : Joseph Wright of Derby, *A View of Gibraltar during the Destruction of the Spanish Floating Batteries, on the 13th of September, 1782* (1785).

Huile sur toile, 160,9 x 234,7 cm, Agnes Etherington Art Centre, Kingston (Ontario), Canada.

Le patronage de l'art de Wright par John Milnes (1751-1810) — dont le premier peint le portrait du second en 1772[1] — fait présenter le *View of Gibraltar* à Covent Garden en avril 1785, au cœur de Londres. Cette activité s'insère dans un marché des œuvres de Wright of Derby « dans les centres industriels émergents de l'ouest et du nord du Derbyshire, incluant Liverpool, où Wright résida de 1768 à 1771[2] ».

Or le fait que la médiation économique, classiquement enchâssée dans le politique, en vient à se distancier au fur et à mesure de cette dernière (et significativement au XVIIIe siècle : Adam Smith (1723-1790) n'est-il pas lui-même un contemporain de Wright of Derby ?) répond à ce mouvement continu de division des sphères de participation commune des êtres humains. L'homme technicien (*homo faber*) moderne naît-il d'une forme de jaillissement bâtard — d'un croisement de statuts concurrents ou mieux, de perspectives complémentaires, que sont l'homme esthétique (*homo aestheticus*), l'homme connaissant (*homo sapiens*), l'homme économique (*homo œconomicus*) ou encore l'animal politique aristotélicien ? L'esthétique comme point de rencontre par excellence de la technique et de la science par sa fonction cognitive ?

---

[1] A.J. Fox, « A World of Trouble: Joseph Wright of Derby in Bath, 1775-1777 », Thèse de maîtrise en art, Université du Maryland, 2009, p. 40.
[2] J.M. Brooke, p. 33.

« Prométhée déchaîné », mais Prométhée mélancolique

Dans l'histoire des idées et de la philosophie politique, le statut de l'artisan est récipiendaire de tensions contradictoires et fécondes qui ont abouti à une dépréciation axiologique de ce dernier. Chez Platon, le δημιουργός (*dèmiourgos*) révèle un contraste « brutal entre le statut social et le statut métaphorique de l'artisan » — système social « officiel » qui déprécie l'artisan, quoiqu'un « système dissimulé [...] fait de la fonction artisanale [...] l'activité modèle par excellence »[1]. L'artisan est louable cantonné à la marginalité, au cœur de l'ambiguïté, du clair-obscur, comme σύμβολον (*to symbolon*), c'est-à-dire comme symbole : sa prétention cesse là où commence la société. Privé d'une représentation dans la société, le *dèmiourgos* de Platon œuvre donc dans le registre de l'« objet de reconnaissance [...] témoignant de la qualité du porteur » chez les Grecs ; notion de *symbolon* inusitée par Platon, lequel lui préfère, « pour exprimer une relation à l'intelligible », la notion de εἰκών (*eikôn*) ou image, tandis que chez Aristote, le symbole est « plus qu'un véhicule ou un instrument », mais une « capacité de mettre en rapport, le catalyseur du signifiant »[2].

Revenant à l'artisan, Aristote emploie, plutôt que le *dèmiourgos* platonicien pour le désigner, un couple notionnel antinomique : τεχνίτης (*technitès*) et

---

[1] P. Vidal-Naquet, *Le Chasseur noir. Formes de pensée et formes de société dans le monde grec*, Paris, Maspero, 1981, p. 293 et p. 308.

[2] B. Decharneux et L. Nefontaine, *Le Symbole*, Paris, Presses universitaires de France, 2014, p. 19, p. 33 et p. 41.

βάναυσος (*banausos*). Tandis que le premier constituerait en quelque sorte l'élite des artisans, souvent riche (même si elle est bien inférieure au philosophe), le second incarnerait la masse résolument dépréciée des artisans dont « l'activité, le métier ou la discipline rendent le corps, l'âme ou l'esprit des hommes libres impropres à l'usage et à la pratique de la vertu », ainsi qu'Aristote le caractérise au sein de sa *Politique*[1] :

> « On voit les *technitai* (artistes ou artisans de luxe ?) recevoir des dons de la part des tyrans. Aussi ces *technitai* occupent-ils dans la société une place honorable. Ils restent [...] inférieurs à l'*architekton*, mais le nom même de ce dernier en fait une sorte de super-*technitès*. D'autre part, les *technitai* sont censés faire souvent preuve d'intempérance. Ils n'en restent pas moins supérieurs aux non-spécialistes et aux praticiens qui n'ont pas de *technè* et ne se fondent que sur leur expérience. [...] Leur nom devait être assez laudatif pour que les artistes dionysiaques se le soient attribué à eux-mêmes. D'ailleurs Aristote signale que "la plupart des *technitai* sont riches". Le terme, laudatif, désignerait ainsi plutôt la catégorie supérieure des artisans. [...] Pour critiquer les artisans, Aristote emploie au contraire *banausos*, terme péjoratif [...] et ce rapport de tout à partie entre les *banausoi* et les *technitai* est confirmé par un passage qui évoque les *technitai* et la masse des *banausoi*. Mais il y a un trait constant, c'est la dépréciation du *banausos*. [...] Son activité est en grande part physique, même si, contrairement au manœuvre, le *banausos technitès* ne se contente pas d'offrir sa force physique ; et surtout son activité lui détériore le corps et l'esprit [...]. Aussi ce qui est *banausique* est-il indigne d'un homme libre, tandis que, dans les domaines éthique et esthétique, la *banausia* désigne l'ostentation et le

---

[1] Aristote, *Politique*, I, 11, 1258b 37, repris par E. Lévy, p. 18.

> mauvais goût du parvenu qui "en fait trop". [...] De Platon, et sans doute Socrate, à Aristote, l'artisan s'est déprécié. Le fabricant utile au public qu'était le *dèmiourgos*, prototype du créateur qui pouvait servir à désigner la divinité elle-même, a été remplacée par les travailleurs manuels (les *banausoï*), dont seule une partie a droit au titre de *technitès*, et [...] le philosophe [Aristote] ne s'est guère soucié de délimiter une catégorie intermédiaire de *banausos technitès*. Pour l'artisan, comme pour la femme et l'esclave, Aristote apparaît ainsi comme un auteur, au sens propre du terme, réactionnaire[1] ».

De deux choses l'une, donc, qui ne peuvent être entièrement traitées de façon distincte. Wright dépeint l'évolution de la représentation du statut de l'artisan d'un point de vue interne, mais il figure également le regard même de la société moderne dans l'avènement en germe du « déchaînement prométhéen[2] » (au seuil, par conséquent, de l'âge de la technique) sur l'artisan — figure courante, incarnée, de proximité, du *technicien*. Technicien dont le rôle est de plus en plus fondamental dans la constitution politique même des sociétés modernes.

Artisan, clair-obscur, symbole. Wright met dans son ouvrage une « stricte application à la fois de la théorie et de la pratique de la peinture[3] ». Il traite en effet de façon syncrétique de ces thèmes en les intégrant au sein d'œuvres singularisées, reflétant en

---

[1] E. Lévy, pp. 15-16 et p. 18. »

[2] H. Jonas, p. 13.

[3] Repris dans *The Gentleman's Magazine*, vol. 67, no. 3, 3 septembre 1797, p. 804 : S. Howard, « 'A New Theatre of Prospects': Eighteenth-Century British Portrait Painters and Artistic Mobility », Thèse de doctorat d'histoire de l'art, The University of York, vol. 1, 2010, p. 27.

cela le changement profond qui s'est effectué à partir du XVIIe siècle et qu'approfondit encore le siècle suivant : « On saisirait mieux l'originalité de la science à partir du XVIIe siècle en disant que prend fin un cloisonnement entre science et technique qui était encore patent au Moyen Âge, et que, sans qu'il s'agisse le moins du monde de confusion entre les deux registres, une possibilité d'interaction, mieux : la nécessité de l'interaction, passent au premier plan ». Ce, alors même qu'« au commencement », c'est-à-dire en Grèce, « était la science sans la technique » — la « *theoria* sans la *praxis* »[1].

Dans ce registre, Koyné[2] considère que non seulement « l'invention de la charrue, du harnais, de

---

[1] J.-P. Séris, p. 206.

[2] Pour ma part, je n'adhère pas à la vision d'un *paradigm shift* à la Kuhn repris de l'interprétation discontinue de l'évolution des sciences largement appréciée par Koyné. Je ne détaillerai pas davantage dans cet ouvrage les raisons de ce rejet épistémologique. Je précise que je préfère, plutôt qu'à la notion de discontinuité induite dans l'expression de « révolution scientifique » ou de « changement paradigmatique », celle de « transition métasystème » qui se rattache à une représentation continue de l'évolution des connaissances. En fait, le fait même que l'évolution des sciences et des techniques (sciences et techniques initialement distinctes dans l'histoire de ces dernières, mais de plus en plus intégrées dans une compréhension sédimentée donc, jusqu'à devenir quasi-uniforme) comprenne des structures élémentaires dissipatives, ne signifie pas qu'elle soit fondamentalement discontinue. **1°** Du fait même de la configuration émergente des réseaux de connaissances et de l'impossibilité technique du récipiendaire (ou de l'usager, de quelque façon que ce soit) de les stabiliser de façon coordonnée, à un instant *t*, dans un appareil conceptuel, un schème, 2° ... qui dispose d'une forme vectorielle d'intégration de compréhension de ces mêmes éléments approchant 3° une

absoluité connotative (totalité des sens élémentaires possibles) et métrique (multiplicité des éclats éléments possibles), 4° il me semble plus juste de parler d'une évolution par configuration (la rupture n'est pas consommée de façon objective — ce qui serait de toute façon absurde si l'on considère un réflexe empirique : *qui définit le paradigme ? quelle puissance d'abstraction permet de restituer l'objectivité pure et parfaite du paradigme ?* —, mais de façon subjective, ce qui ne signifie absolument pas que la subjectivité relève d'un *jugement faux parce que limité*, réduction aléthique inadéquate en la matière, et que cette évolution ne soit pas *définitive* : l'itération récursive en matière de connaissance n'est pas admissible) que d'une évolution par révolution. 5° Je ne pense pas que cette *évolution par configuration* induite par la transition métasystème relève d'une forme de spéculation ontologique sur la théorie unitaire platonicienne, — l'Un, ou des variations sur l'homomorphéité — indépendante de l'interprétation. On pourrait creuser la piste de l'adaptation évolutionnelle par émergence, laquelle adaptation rejoindrait une fonction proche de l'homéostasie, permettant d'élaborer, *a minima*, un seuil d'intégration des facteurs susceptibles d'interprétation qui permette l'opérationnalité circonstancielle d'un système. 6° Si alors l'on considère, comme Koyné et Kuhn, que l'évolution des sciences se présente sous une forme discontinue, qu'advient-il de la fondamentalité de la notion de κρίσις (*crise*), dont la notion recèle l'idée même d'un jugement décisionnel face à une situation circonstancielle qui transforme ce premier en un impératif — une fondamentalité de l'intentionnalité ? La crise comprise en ce sens, me semble-t-il, pourrait difficilement revêtir une dimension fondamentale, en ce qu'elle s'oppose directement à la fondamentalité induite par le changement de paradigme qui ne requiert ici qu'une forme d'automaticité procédurale dans l'absolu (même si, relativement, cette dernière est, de près ou de loin, le résultat du jugement décisionnel d'un agent). Tout ceci devrait faire l'objet d'un ouvrage augmenté sur les problèmes fondamentaux que posent *connaissance*, *valeur* et *représentation*.

la bielle manivelle et du gouvernail arrière n'a rien à voir avec le développement scientifique[1] », mais qu'il y a bel et bien, « contre la philosophie empiriste, [...] un niveau autonome de la science et de la culture, tel que les transformations qui s'y produisent adviennent par des causes internes, théoriques, et non par l'effet d'incidences externes, économiques, technologiques ou institutionnelles[2] ».

Wright of Derby ne baigne certainement pas dans cette disposition d'esprit. Il demeure empreint de la pensée d'une domination de l'empirie qui caractérise les Modernes (au moins dans la valorisation de l'expérience, qu'elle soit ensuite subsumée ou non sous des interprétations transcendantales) par rapport aux Anciens dans l'épistémologie nouvelle du XVIIe et raffinée au XVIIIe siècle.

Le long passage cité décrit bien l'état d'esprit qui pouvait animer les membres de la Lunar Society dont Wright était proche.

> « Les "modernes" n'avaient pas tort de mesurer la prééminence de leur science par rapport à celle des anciens, à la supériorité des instruments comme le télescope et le microscope. [...] Ils auraient pu ajouter l'horloge à pendule, la pompe de Boyle, le thermomètre ou le baromètre. Peu d'hommes de science qui ne laissent désormais leur nom associé à celui d'un dispositif matériel, d'une machine, d'un appareil ou d'un "effet". Expliquer et produire sont [...] associés dans l'épistémologie nouvelle. La connaissance de la nature passe par la connaissance et la production d'artifices

---

[1] A. Koyré, *Études d'histoire de la pensée scientifique*, Paris, Gallimard, 1973, p. 74.

[2] B. Barret-Kriegel, « A. Koyré, *Études d'histoire de la pensée scientifique*, Paris, Gallimard, 1973 », *Annales. Économies, sociétés, civilisations*, vol. 30, no. 5, 1975, p. 1125.

> […] : la technique ne se pense plus comme imitation de la nature, mais comme enrichissement, extension et prolongement de celle-ci, au point que la référence même à la nature est de plus en plus superflue. La référence […] est à l'expérience, instrumentée et soigneusement décrite. C'est ainsi qu'il faut lire la relation faite par Newton de ses expériences en optique. L'expérimentation est […] une technique des effets scientifiques reproductibles et répétables à volonté. Le tube de Torricelli, la pompe à air de Boyle, ces dispositifs qui pour la première fois créaient un environnement totalement artificiel, donnaient lieu à quelques expériences cruciales de la nouvelle physique[1] ».

Sans revenir au *Philosopher Lecturing on the Orrery* de 1766 (fig. 6), il est à noter que la science ne peut être extraite de ce qui apparaît désormais comme sa consubstantialité même : la technique.

La technique s'incarne dans les outils de la mesure de la mathématisation du réel, dès le XVIIe-XVIIIe siècles. Ces derniers sont effectivement significatifs : de Pascal à Descartes, de Spinoza à Leibniz, tous abordent l'*instrumentum* de la mesure comme moyen d'incarnation réifiée de l'approche scientifique.

> « Parmi les grands problèmes qui dominent le XVIIIe siècle, certains, comme la création d'une unité de mesure universelle, ont nécessité une technique rigoureuse de comparaison des longueurs et des poids, et suscité de vastes opérations de géodésie. D'autres, comme la découverte des phénomènes électriques, […] ont suscité l'apparition et la généralisation d'un appareillage de type nouveau. On ne saurait contester, en tout cas, qu'un ensemble de découvertes théoriques importantes ait été rendu possible par la présence des instruments et,

---

[1] J.-P. Séris, p. 210.

inversement, ait eu également des répercussions sur leur construction et leur diffusion[1] ».

Le planétaire du *Philosopher Lecturing on the Orrery* de Wright of Derby sert ainsi à la fois à la construction de la représentation et la diffusion des « découvertes théoriques importantes » par la transmission didactique, immortalisant « les conférences de James Ferguson dans les années 1750 [qui] fait découvrir la science à un public plus large, à l'occasion des expositions de peinture patronnées par la famille royale à la Royal Academy of Art à Londres[2] ». La technique, réifiée par le planétaire, devient un support essentiel à la *figuration de la science* au sein même de la *figuration picturale*.

Il en va de même avec son *Air Pump* de 1768, mais à la différence du *Philosopher*, la technique n'est plus ici le support simple à la transmission des savoirs, mais est indexée sur la fonction, désormais première, de réalisation de l'expérience *in concreto*. Que le scientifique regarde *directement* l'esthète — il ne communique pas verbalement : c'est un autre personnage, à sa gauche, qui le fait — représente une disposition face à l'évènement : elle met à jour une crise dans l'acte même de représentation. Cette crise induit une rupture dans la temporalisation même de la scène : c'est ce qui fait, entre bien d'autres facteurs, que Wright peut être identifié comme l'un des plus

---

[1] D. Parrochia, « Le progrès des instruments scientifiques aux XVIIe et XVIIIe siècles », *Littératures classiques*, no. 43, 2001, p. 189.

[2] P. Arnaud et É. Angel-Perez (dir.), *Le Regard dans les arts plastiques et la littérature (Angleterre,* États-Unis), Paris, Presses de l'université de Paris-Sorbonne, 2003, p. 59.

grands peintres-philosophes du dix-huitième siècle[1]. Bas van Fraassen nous renseigne bien sur ce que peut connoter une crise :

> « Quand la pensée traverse une crise, c'est parce que les anomalies conceptuelles et empiriques s'ajoutent les unes aux autres. [...] Le nœud de la question : ces problèmes ne sont qualifiés d'*anomalies* que rétrospectivement. Tel ne pouvait être le cas auparavant, au moment où ils apparaissaient uniquement comme des problèmes difficiles à résoudre[2] ».

Face aux crises épistémologiques fondamentales qu'induisent le XVIIe et le XVIIIe siècle, Wright of Derby ne se contente pas de figurer la technique comme la houlette de l'esprit (et du corps) scientifique par excellence : il la conçoit comme objet premier de la représentation scénique par le truchement de l'artisanat. Objet de fascination, cet « amour pour les arts mécaniques » qui le conduisait à observer l'ouvrage des artisans, selon Bemrose dans sa biographie de 1885, est couplé à une contemplation des expériences de chimie qui sont « conduites la nuit dans des salles sombres », selon Nicolson[3].

---

[1] M. Craske, pp. 141-142.

[2] B. van Frassen, « La logique et le soi : les suites de certaines crises de la pensée occidentale », *Diogène*, vol. 4, no. 232, 2010, p. 34.

[3] Voir en particulier : B. Nicolson, *Joseph Wright of Derby, Painter of Light*, Londres, Paul Mellon Foundation for British Art, 1968, repris dans : M. Byko, « Shedding a Light on 18th Century Science: The Works of Joseph Wright of Derby », *JOM. The Minerals, Metals, & Materials Society*, vol. 59, no. 6, 2007, pp. 13-16.

Spécialiste de Wright, Elizabeth Barker, quant à elle, affirme que Wright n'était pas un illustrateur scientifique :

> « L'une des choses qui m'intéressent le plus quant à l'œuvre de Wright n'est pas tant que l'objet d'étude de Wright soit scientifique, mais que son approche générale induise une volonté de demeurer conforme à son temps. Sa préoccupation résidait dans la remise en cause des notions préconçues, [...] mettre à l'épreuve les idées nouvelles et de s'appesantir sur les succès de ces dernières ; le tout, avec un niveau d'exigence quasi-similaire. C'est cela, je pense, qui faisait qu'il demeurait résolument un homme de son temps[1] ».

Aussi n'est-ce pas un hasard si l'œuvre de Wright of Derby joue également sur le registre d'une reconfiguration du traitement pictural de thèmes autrefois rejetés ou délaissés hors du champ de la légitimité sociétale : l'artisanat et, plus largement, la technique, a donc une dimension, un rôle homéostatique circonstanciel et médiat (et non pas de fin sociale), comme la science avec laquelle la technique partage une congruence de plus en plus indéniable.

L'homéostasie, pour reprendre Norbert Wiener, est un « ensemble de mécanismes, et un ensemble qui vise à stabiliser un ensemble ; parler d'homéostasie signifie [...] que l'on se place d'emblée dans la description d'une totalité organique complexe, c'est-à-dire qui coordonne des chaînes de *feedbacks* ; le

---

[1] Librement traduit de l'anglais : E. Barker, cité par M. Byko, « Shedding a Light on 18th Century Science: The Works of Joseph Wright of Derby », *JOM. The Minerals, Metals, & Materials Society*, vol. 59, no. 6, 2007, p. 17.

feedback représente en quelque sorte l'unité fonctionnelle du système, mais ce système n'est pas qu'une somme d'unités[1] ».

La pénétration dans le champ de l'esthétique de la technique comme *structure d'agentivité visible et centrale* – et non plus simplement en termes de « fonction-support » permettant aux autres structures agentives de briller – doit bien s'entendre de cette façon : désormais, le forgeron lui-même pourra prétendre à la centralité esthétique *autant que le chevalier brilla dans les temps médiévaux*. Chevalier pour lequel il forgea l'objet même qui lui confère son statut de guerrier : l'épée.

Ainsi Wiener considère-t-il la fonction de la science, et en ce sens, éclaire le geste de Wright qui le précède de plus de deux siècles :

> « J'ai dit que je considère la fonction de la science dans la société comme homéostatique. [...] Ce que la fonction de la science est à la communauté est pour beaucoup ce que la fonction du système nerveux est à l'homme. [...] Toute la régulation d'une conduite intelligente socialement et politiquement est très largement dépendante de notre connaissance de l'environnement, en d'autres termes, de la connaissance scientifique[2] ».

L'âge de Prométhée déchaîné, c'est Prométhée qui peut enfin accomplir son rôle homéostatique sans complexe dans la société. L'homme de la Modernité face à Prométhée (lequel n'est plus seulement technique mais la figure *techno-scientifique* libérée)

---

[1] R. Le Roux, « L'homéostasie sociale selon Norbert Wiener », *Revue d'histoire des sciences humaines*, vol. 1, no. 16, 2007, p. 116.

[2] Repris dans R. Le Roux, p. 129.

est fasciné, « obnubilé par le sentiment de puissance que [lui] procure l'objet[1] ».

Mais Wright — et n'est-il pas significatif qu'il revienne dans son Derbyshire natal et s'attache à une dimension « burkienne » de l'art ? — a en tête une forme de contre-balancement esthétique de la technoscientificité par le paysage, la nature, la « nostalgie » de la préindustrialisation.

C'est en ce sens que Wright peut être qualifié d'« homme de son temps » : comprendre pleinement les motivations de Prométhée, c'est grandir dans la connaissance de la nature humaine. Prométhée déchaîné, certes ; mais Prométhée mélancolique. Lecture nuancée d'un Wright ambigu — entre le Wright « peintre de la lumière » de Nicolson en 1968 et celui, « peintre de l'ombre », de Craske en 2020.

Pas de côté, encore une fois : alter-Lumières, plus que contre-Lumières, qui cherche à aller autrement jusqu'au fondement de l'esprit humain. « Ce monde civil », écrit Vico en 1744[2], « a certainement été fait par les hommes, et par conséquent on peut, parce qu'on le doit, trouver ses principes à l'intérieur de notre propre esprit humain »[3]. Face à l'infini de sa

---

[1] I. Sefiane, « La “société de l'information” : entre résurgence et oubli d'un concept cybernétique », *Études de communication. Langages, information, médiations*, no. 44, 2015, p. 159.

[2] Repris dans A. Pons, « Vico et les origines de la poésie », *Commentaire*, vol. 3, no. 103, 2003, p. 665.

[3] Un esprit chagrin contre les tenants d'un Wright « orthodoxe » par rapport aux Lumières ne pourrait-il pas placer ce dernier du côté de la pensée de l'histoire de Giambattista Vico — dans le *Gladiator by Candlelight* (1765) ? *An Academy by Lamplight* (1770) ? ou le *Widow of an Indian Chief Watching the Arms of Her Deceased Husband* (1785) ? Wright of Derby est loin de présenter un homme désincarné : il le fait produit de l'histoire,

liberté potentielle, Prométhée déchaîné et mélancolique suscite, dans le même temps, une terreur « par procuration, comme l'*Air Pump* le démontre[1] ». C'est que son déchaînement, s'il est éclatant, est aussi source d'ombres nouvelles. Une ombre qui « fait voir », qui n'est « donc pas que dissimulatrice » et qui, « en tant qu'indice, renseigne, est instrument positif de connaissance »[2].

Le mythe du technicien

> « La véritable phénoménologie scientifique est [bien] une phénoménologie technique » — Bachelard[3].

Trois œuvres, sur trois années, sont régulièrement citées comme celles figurant le mieux cette concentration sur l'artisanat autour de la thématique croisée lumière/ombre : *The Blacksmith's Shop* de 1771 (fig. 14), *An Iron Forge* de 1772 (fig. 12) et *The Iron Forge viewed from Without* de 1773 (fig. 13).

Muriel Adrien offre une bonne introduction à cette pensée d'une « appropriation prométhéenne de la lumière » par la référence à l'artisanat et à la forge

des traditions, de l'expérience et, par la force des choses, ne retrouve-t-on pas ici des accents burkiens ?

[1] P. Duro, « 'Great and Noble Ideas of the Moral Kind': Wright of Derby and the Scientific Sublime », *Art History*, vol. 4, no. 33, 2010, p. 678.

[2] M. Adrien, « Ombres et lumières croisées : l'appropriation prométhéenne de la lumière dans les peintures de Wright of Derby (1734-97) et John Martin (1789-1854) », *Caliban. French Journal of English Studies*, no. 33, 2013, p. 35.

[3] G. Bachelard, *Le Nouvel esprit scientifique*, Paris, Presses universitaires de France, 2013, p. 13.

dans l'œuvre de Wright of Derby. Le travail devient un moyen de faire émerger cette lumière « désormais conçue par l'homme et pour l'homme » :

> « À la fin du XVIIIe siècle, avec la généralisation de la lampe Argand, [...] et l'introduction de l'éclairage au gaz, appelé « esprit de charbon », un palier décisif est franchi dans l'appropriation technique de la lumière. Cette lumière jusqu'à présent plutôt rare, onéreuse, peu intense, et symbole de la divinité, devient [...] l'objet de la maîtrise des hommes. La lumière est désormais conçue par l'homme et pour l'homme. Cet avènement de l'éclairage artificiel public et scénique encourage une peinture prométhéenne, gagnée et creusée par les ombres des Lumières, ombres qui font le point de vue et l'image. [...] Dans un élan tout aussi prométhéen, les connotations mythologiques des tableaux italiens de Wright of Derby tendaient également à encenser les hommes, qui pouvaient facilement s'identifier à certaines divinités mythologiques associées aux manifestations de lumière dépeintes. [...] Les nocturnes de Wright of Derby qui célèbrent la vulgarisation scientifique ou font l'apologie de la révolution industrielle adaptent [...] certaines conventions figuratives du répertoire de l'iconographie religieuse. Les allusions à des scènes religieuses canoniques sont légion, mais elles sont détournées pour évoquer une nouvelle puissance séculaire et prométhéenne, la lumière d'un nouveau monde. Dans les différentes versions des *Forges*, les références chrétiennes sont omniprésentes : [...] une *Forge* rappelle une scène de nativité, mais qui mettrait en valeur un *pater familias* prévictorien magnifié, et non la Mère chrétienne dans sa gloire. Ce qui repose au centre est non pas l'enfant Jésus, mais un métal en fusion, source de lumière, nouvelle icône ou miracle du siècle des Lumières[1] ».

---

[1] M. Adrien, p. 14.

L'approche délibérée de Wright of Derby qui décida, par exemple, de peindre son ami Erasmus Darwin en poète (alors qu'il put le peindre *stricto sensu* en homme de science, ce qu'il était également)[1] ou de traiter de thèmes scientifiques et techniques par l'iconographie traditionnellement réservée aux thèmes religieux et mythologiques, montre bien la dimension que l'esthétique de Wright entend rendre à l'ouvrage humain qui, par ses potentialités, est œuvre d'une intelligence féconde. Intelligence typiquement prométhéenne qui peut aller jusqu'à enfermer l'Esprit-Saint dans un flacon, faire que la Connaissance se substitue à Dieu ou que le métal en fusion prenne la place de l'enfant Jésus au centre de la Nativité[2]. Avec la technique et, singulièrement ici, la forge, c'est Noël chaque fois que les hommes se mettent au travail.

Darwin est en quelque sorte l'*alter ego* de Wright dans l'ordre de la poésie. « L'interdépendance du mythe et du savoir qui fonde la poésie scientifique » de Darwin « met en scène une nature peuplée par des créatures mythiques », tout à la fois « célébration de la pensée linnéenne » dans *The Botanic Garden* (1791) et « précurseur de la représentation romantique de la nature, mais aussi et surtout d'une conception de la création indépendante de la figure du démiurge »[3]. Une nuance, peut-être : la conception de la création n'est pas tout à fait « indépendante de la figure du

---

[1] H. Lewis, « Joseph Wright of Derby: Illustrating Scientific Progress », Rollins College, *Honors Program Theses*, 2013, p. 8.

[2] M. Adrien, p. 14.

[3] S. Laniel-Musitelli, « La poésie d'Erasmus Darwin. Entre science, mythe et pastorale », *in* M. Louâpre (dir.), Actes du colloque « La Poésie scientifique, de la gloire au déclin », *Epistémocritique*, Montréal, 2010, pp. 113-117.

démiurge ». Le démiurge est rappelé à la figure du δημιουργός (*dèmiourgos*) planoticien, plutôt qu'à son excommunication du monde des hommes. La verticalité n'est pas sommée de se fondre dans les abîmes : elle est simplement incarnée par la force démiurgique de l'homme lui-même. L'expérience devient aussi *théorique*, c'est-à-dire productrice d'effets de contemplation. Comment ne pas trouver stupéfiante d'écho, suivant le fil même de l'interprétation qu'offre la peinture de Wright (que l'on pense à son *Air Pump* ou à l'*Alchymist*), la remarque d'Ian Hacking, lorsqu'il affirme que dans les sciences de laboratoire, « la purification et la conservation de phénomènes qui n'existent à l'état pur nulle part dans l'univers » constituent l'objectif premier, et que « cette entreprise de purification, de création et de régulation des phénomènes (et donc du monde que nous habitons) suppose certainement de penser et théoriser le monde matériel, mais exige aussi d'interagir avec le monde et, de manière complètement non-métaphorique, de le re-faire »[1] ?
Ainsi démiurgique se fait l'activité scientifique qui s'est, par effet de nécessité, technicisée au sens platonicien du terme de *dèmiourgos* : le démiurge brut, celui qui est encore au contact du feu de la création le plus direct, le plus salissant, le plus jaillissant, c'est le technicien à proprement dit, le forgeron, celui qui fait émerger l'*instrumentum*. Du vide dont la présence fut attestée par l'expérience de Torricelli — Torricelli qui, en 1643, « n'avait pas seulement inventé l'instrument à mesurer la pression

[1] I. Hacking, « Les philosophes de l'expérience », *Tracés. Revue de science humaine*, no. 9, 2005, pp. 67-82.

atmosphérique », mais qui « avait découvert, du même coup, l'existence du vide »[1] —, l'homme est capable de forger, par un ennui diffus, une lassitude, langueur, patience, travail, effort, labeur sans cesse répété (un « plein du vide », pour reprendre Jankélévitch), un outil, un objet, une *chose* qui se distingue de l'informité du métal en fusion. Une exploitation du *plein du vide*, en quelque sorte, qui aboutit à la *matière* elle-même face au *vide inexploité* et au *néant*. Intentionnalité tout à la fois vectorielle et technique sans laquelle du vide vierge n'émanerait véritablement aucune lumière : « [Le vide] tient le milieu entre la matière et le néant, sans participer ni à l'un, ni à l'autre », écrit Pascal[2], « qu'il diffère du néant par ses dimensions ; et que son irrésistance et son immobilité le distinguent de la matière ; tellement qu'il se maintient entre ces deux extrêmes, sans se confondre avec aucun des deux ».

Néanmoins, le forgeron, parce que son activité est immémoriale et précède la contemplation désintéressée caractéristique de cette science des Grecs, n'est pas encore ce « technologicien » du XXe et, plus encore, du XXIe siècle, cet ingénieur-informaticien à la Marvin Minsky. Ce n'est pas encore le temps des « progrès foudroyants des technologies [comme] la conséquence de l'entrée en force du scientifique dans la technique[3] ». Demeure donc une mystique pleine et entière propre à la technique, encore non totalement fécondée, noyautée, par la science, et dont la parentèle est finalement bien plus

[1] D. Parrochia, p. 188.
[2] Repris dans D. Parrochia, pp. 188-189.
[3] J.-P. Séris, p. 218.

ancienne que celle de cette dernière venue dans le monde des hommes. Le savoir des techniciens est encore, en quelque sorte, le leur, à l'exclusivité de celui des sciences, et qui s'exploite par le *savoir-faire* qui est toujours un *savoir* et un *faire* — une *technè* « à l'origine des substances artificielles qu'Aristote oppose aux substances naturelles et qui s'en distinguent par l'origine de leur mouvement, qui n'est pas à chercher en elles-mêmes, mais dans l'esprit de celui qui les crée[1] ».

> « On pense également à la métallurgie, où la technique des métaux précède toute mise en forme théorique [...] méritant le nom de chimie ou de minéralogie, mais condense sous une forme tout autre des connaissances sur les corps naturels et les divers procédés de transformation pouvant les rendre propres à tels ou tels usages. Si dénué soit-il de justifications théoriques, un savoir-faire est toujours aussi un savoir[2] ».

Derniers instants, peut-être — et cette interprétation serait conforme à un Wright *rural* et non *urbain*, un Wright des Lumières exaltées certes, mais tenues en respect par leur nécessaire altérité portée par les ombres qu'elles apportent sur la civilisation ; les Lumières, soleil obscur —, derniers instants, donc, d'une technique encore dépositaire de *son* savoir et frappée d'obsolescence, comme le mythe pouvait paraître face à l'émergence de la philosophie dans l'Antiquité grecque. La science éclairée, c'est la technique dans les ombres ; le savoir scientifique divinisé, c'est le savoir technique mythifié. Précisions

---

[1] C. Talon-Hugon (dir.), *Les Théoriciens de l'art*, Paris, Presses universitaires de France, 2017, p. 21.
[2] J.-P. Séris, p. 220.

sur ce que le mythe recouvre comme réalité pour Mircea Eliade, lui qui estimait que « les premières découvertes technologiques [...] n'ont pas seulement assuré la survivance et le développement de l'espèce humaine », mais « ont également produit tout un univers de valeurs mythico-religieuses [qui] ont incité et nourri l'imagination créatrice » avant même le Paléolithique supérieur[1] :

> « Le mythe raconte une histoire sacrée ; il relate un événement qui a eu lieu dans le temps primordial, le temps fabuleux des "commencements". [...] Le mythe raconte comment, grâce aux exploits des Êtres Surnaturels, une réalité est venue à l'existence, que ce soit la réalité totale, le Cosmos, ou seulement un fragment : une île, une espèce végétale, un comportement humain, une institution. C'est [...] toujours le récit d'une "création" : on rapporte comment quelque chose a été produit, a commencé à *être*. Le mythe ne parle que de ce qui est arrivé *réellement*, de ce qui s'est pleinement manifesté. Les personnages des mythes sont des Êtres Surnaturels. Ils sont connus surtout par ce qu'ils ont fait dans le temps prestigieux des "commencements". Les mythes révèlent [...] leur activité créatrice et dévoilent la sacralité (ou simplement la « sur-naturalité ») de leurs œuvres. [...] Les mythes décrivent les diverses, et parfois dramatiques, irruptions du sacré (ou du « sur-naturel ») dans le Monde. C'est cette irruption du sacré qui *fonde* réellement le Monde et qui le fait tel qu'il est aujourd'hui. [...] C'est à la suite des interventions des Êtres Surnaturels que l'homme est ce qu'il est aujourd'hui, un être mortel, sexué et culturel[2] ».

---

[1] M. Eliade, *Histoire des croyances et des idées religieuses. 1 : De l'âge de la pierre aux mystères d'Éleusis*, Paris, Payot, 1976, pp. 16-17.

[2] M. Eliade, *Aspects du mythe*, Paris, Gallimard, 1963, p. 16-17.

Et de fait, face au « dilemme disparition ou innovation », les maîtres de forge de l'Angleterre de la fin du XVIIIe siècle, « n'eurent plus le choix qu'entre adopter la fonte au coke ou fermer leurs usines »[1].

La technique, entre évolution interne et intégration scientifique

Le travail technique n'est pas seulement affaire d'exploit mythique, de découverte de l'esprit : il est aussi le fondement d'une exploitation économique, une conquête contextuelle du capitalisme et de la phase d'industrialisation de ce dernier. Dans la dilatation du capitalisme couplé à l'extension de la légitimité de la théorie de l'appropriation sous l'effet du libéralisme lockien, la fin du XVIIIe siècle en Grande-Bretagne n'est pas étrangère à une interpénétration – confinant à une interdépendance – entre les sphères technique et économique.

Dans un registre circoncis, mais exemplifiant bien cette liaison de dépendance, l'historien François Crouzet spécifie ainsi qu'en matière de forge en Angleterre, « le progrès technique » (caractérisé par la transition du charbon de bois au coke) « fut donc le fruit de la pression d'une demande croissante sur des ressources insuffisantes », en l'espèce, « en bois »[2]. En fait, la Révolution industrielle anglaise de cette fin de siècle relève elle-même d'un palliatif technique, « dénué [au départ] de justifications théoriques » pour

[1] F. Crouzet, « Angleterre et France au XVIIIe siècle. Essai d'analyse comparée des deux croissances économiques », *Annales. Économies, sociétés, civilisations*, vol. 21, no. 2, 1966, p. 286.
[2] Ibid.

reprendre les mots de Jean-Pierre Séris quant au savoir-faire de la technique, sur le fondement d'une inquiétude : comment penser la soutenabilité pérenne de la production lorsque les ressources de cette même croissance viennent à manquer ?

Suffit-il cependant d'affirmer que Wright, proche de la Lunar Society dont Adam Smith est un « membre très actif[1] », se réduit à n'être qu'un « peintre de la Révolution industrielle » — comme il se réduirait à n'être qu'un « peintre des Lumières » ? Chez Wright of Derby, le registre d'exploitation de la thématique technique est bien plus large que la circonstance historique et économique qui a mené à l'émergence de la Révolution industrielle.

Aussi bien l'*Iron Forge* (fig. 12) que l'*Iron Forge from Without* (fig. 13) figurent ces deux représentations de l'évolution technique, entre évolution interne à cette dernière d'un côté (1) et intégration scientifique de l'autre (2). Processus replacé dans un contexte qui transcende les strictes conditions matérielles de la croissance économique et qui met en balance un croisement entre l'esthétique de la technicité et l'esthétique de la scientificité.

---

[1] P. Picq, *De Darwin à Lévi-Strauss. L'homme et la diversité en danger*, Paris, Odile Jacob, 2013, p. 23.

Figure 12 : Joseph Wright of Derby, *An Iron Forge* (1772).

Huile sur toile, 121,3 x 132 cm, Tate Britain, Londres, Royaume-Uni.

1° Évolution due à des facteurs « internes », propres à la maturation lente des techniques elles-mêmes. Dans l'*Iron Forge* (fig. 12), l'*évolution technique dans la technique* correspond bien à l'activité technique qui « transpose de l'information réalisée sous forme de représentations mentales, graphiques ou symboliques sur un support concret qui reçoit de ce fait une organisation artificielle[1] ». Le point de vue vient de l'intérieur : la scénique est *interne* à la forge. Le forgeron est directement investi dans la transposition de l'information réalisée sur un support concret par le biais d'une organisation artificielle (le travail de forge).

---

[1] J.-P. Séris, p. 239.

Figure 13 : Joseph Wright of Derby, *The Iron Forge viewed from Without* (1773).

Huile sur toile, 105 x 140 cm, Heritage Museum, Saint-Pétersbourg, Russie.

2° Évolution contextuelle où, en Angleterre au XVIIIe, une pression proprement économique pousse à ce que « l'invention [devienne] systématique et délibérée[1] ». Dans l'*Iron Forge from Without* (fig. 13) est figurée l'*intégration scientifique dans la technique* ; activité scientifique qui « prélève de l'information dans le monde, où elle est réalisée sous forme d'organisation, pour la réaliser sous forme d'information conceptuelle libre et disponible[2] ». Le point de vue vient de l'extérieur : la scénique est *externe* à la forge. L'atelier est un fragment élémentaire, une *information dans le monde* — c'est-à-dire un élément de l'environnement. La position du peintre relève de *l'activité scientifique* sur un élément qui relève, lui, de *l'activité technique*. La restitution instrumentale (ou médiate), par l'œuvre picturale — « forme d'organisation » —, permet une restitution finale (ou télique), par le regard de l'esthète, en soi « forme d'information conceptuelle libre et disponible ». Toutefois, Wright ne délivre aucune indication qui permettrait d'historiciser cette évolution contextuelle de la technique marquée par l'intégration progressive de la science. La scène semble anhistorique par essence : elle n'est, au cœur de la nuit, que l'une des nombreuses mutations cognitives du monde qui se dessinent à l'ombre, à l'insu du regard de surface des hommes du commun. Des hommes du commun qui, pourtant, sont eux-mêmes les agents continus de ces mêmes mutations qui les transforment par rétroaction.

---

[1] L. Mumford, *Technique et civilisation*, Marseille, Parenthèses, 2016, p. 199.
[2] J.-P. Séris, p. 239.

Même si technique et science restent pertinemment distinctes aujourd'hui, la fin du XVIIIe siècle et la Révolution industrielle signalent un début d'intégration de la science à la technique ; début marqué par une empreinte qui tend à la systématisation intentionnelle.

Esthétique de la technicité et esthétique de la scientificité. Esthétique de la τέχνη (*technè*) et esthétique de l'ἐπιστήμη (*épistémè*). Croisement stimulé entre l'activité technique et l'activité scientifique par le travail, soit ἔργον (*érgon*) – rapprochée de la « paternité divine associée à l'idée de "fabricant" » dans le *Timée* de Platon, « artisan-démiurge, père des œuvres »[1], par la main elle-même. *Érgon* qui, toujours chez Platon, relève d'une certaine ambiguïté puisque tantôt, il « signifie effectivement la *fonction* de l'instrument, tantôt il signifie le *produit*[2] ».

L'émergence banale de temps exceptionnels

Dans son analyse du *Blacksmith's Shop* (fig. 14) de Wright of Derby, D.H. Solkin précise que c'est la banalité même du travail du forgeron que le peintre met à l'œuvre comme illustrant l'émergence d'un sublime. Sublime banalité ; expression de la figuration d'un geste de transcendance accompli par le travailleur et qui le transcende lui-même. Le forgeron forge pour quelque chose qui le dépasse en tant qu'individu rationnel. Mis en relief avec le rôle

---

[1] P. Capelle, « Paternité de Dieu et initiative divine. Le logos kénotique et l'alliance », *Communio*, vol. 1, no. 273, 2021, p. 55.

[2] A. Soulez, *La Grammaire philosophique chez Platon*, Paris, Presses universitaires de France, 1991, p. 127.

historique précédemment évoqué de la technique ainsi que l'épaisseur philosophique que ce sublime recèle chez Edmund Burke (et tel qu'il se trouve exploité chez Wright of Derby), la figuration employée dans le *Blacksmith's Shop* (fig. 14) n'est absolument pas anodine.

> « C'est ce que font les forgerons, et c'est ce l'image nous dit : ils travaillent afin de satisfaire les besoins humains de base. Les fers à chevaux, comme Wright le note lui-même, sont des « choses nécessaires » ; c'est le cas des outils de menuiserie, des plateaux, des seaux, [...] et de toute une palette d'autres outils que ces mêmes artisans ont pu forger pour l'usage quotidien des masses. [...] C'est l'utilité de leur travail — la myriade de bénéfices que les autres personnes tirent de ce travail, au-delà même des travailleurs — qui dote les actions de ces forgerons d'une valeur aussi bien sociale et morale qu'économique[1] ».

[1] Librement traduit de l'anglais. D.H. Solkin, « Joseph Wright of Derby and the Sublime Art of Labor », *Representations*, vol. 83, no. 1, 2003, pp. 169-170.

Figure 14 : Joseph Wright of Derby, *The Blacksmith's Shop* (1771).

Huile sur toile, 125,7 x 99 cm, Derby Museum and Art Gallery, Derby, Royaume-Uni.

Le travail n'est pas chose exceptionnelle. Encore plus : le matériau que les forgerons travaillent — le fer — n'a rien de précieux ni d'exceptionnel. Aussi ne font-ils pas autre chose *que ce qu'ils sont censés accomplir en tant que forgerons, avec un matériau qui n'acquiert de la valeur que dans sa transformation effective.* C'est cette fonction de travail (dynamisée par le capitalisme industriel) qui accorde « une différence de valeur en toute chose[1] » ainsi que l'affirmait Locke. Philosophie lockéenne à laquelle Wright n'est sûrement pas étranger, lui qui, dans son art, reflète « les débats savants sur la perception qui s'inscrivent dans le sillage des écrits de John Locke [en mettant] en scène le lien entre le regard et la connaissance, les sens et l'intellect[2] ». L'art de Wright est à replacer dans le contexte des débats sur la perception (dont Berkeley est sans doute le représentant emblématique du XVIIIe siècle et le philosophe qui porte à son extrémité conséquentielle l'élaboration de tout un édifice théorico-pratique en fonction de cette dernière), la théorie de l'appropriation ouverte par Locke et, selon la lecture marxiste de Macpherson, « l'ordre traditionnel [de Burke, qui est] déjà un ordre capitaliste[3] ». Ordre dont la théorie du sublime constituerait, via le fondement esthétique, le pivot d'une « société non pas aristocratique », mais « méritocratique (dans laquelle

---

1 T. Furniss, *Edmund Burke's Aesthetic Ideology: Language, Gender, and Political Economy in Revolution*, Cambridge, Cambridge University Press, 1993, p. 52.

2 P. Arnaud et É. Angel-Perez (dir.), p. 59.

3 D. Bromwich, « Reviewed Work: *Edmund Burke's Aesthetic Ideology: Language, Gender, and Political Economy in Revolution* by Tom Furniss », *The Wordsworth Circle*, vol. 25, no. 4, 1994, p. 200.

les individus peuvent atteindre une forme suprême de renommée par l'effort individuel) »[1].

Comprendre Joseph Wright par Edmund Burke et Adam Smith, c'est comprendre que le travail joue un rôle central dans la redéfinition de la représentation dans l'esthétique et la politique :

> « Dans la dialectique de Burke sur chacun de ces problèmes, il est possible d'identifier une « économie » fonctionnelle centrée sur le travail, le délassement, la répartition, l'investissement, et l'on peut [...] établir un parallèle entre les affirmations centrales de l'esthétique de Burke et l'économie politique d'Adam Smith. Ainsi ([...] via l'enjeu que Burke soulève par rapport au problème de la réconciliation de l'innovation économique et des structures traditionnelles du pouvoir) les questions économiques sont-elles fondamentales dans la pensée de Burke[2] ».

Réconciliation chez Burke entre deux mondes, donc : celui de l'innovation économique et des structures traditionnelles, ce que Solkin résume par cette formule, lapidaire, et qui montre à quel point les réflexions qui sous-tendent les œuvres de Burke et Wright sont proches : « Mais si Wright dans le *Blacksmith's Shop* instaure une grammaire du contraste entre l'ancien et le nouveau, la figuration des forgerons décrit quelque chose comme une

---

[1] Voir en particulier le passage (en anglais) : T. Furniss, « Edmund Burke's Revolution: The Discourse of Aesthetics, Gender, and Political Economy in Burke's *Philosophical Enquiry* and *Reflections on the Revolution in France* », Thèse de doctorat en anglais, Université de Southampton, 1988, pp. 103-105.

[2] T. Furniss, « Edmund Burke's Revolution... », p. 354.

réconciliation — le meilleur des deux mondes, on pourrait dire[1] ».

Concrètement, la figuration de la promesse fondée sur l'alliance de la technique et de la science s'incarne dans l'activité du travailleur qui rend possible cette émergence, tout à fait banale, de temps pourtant exceptionnels. Ainsi dans *An Iron Forge viewed from Without* (fig. 12), « Wright demande-t-il effectivement au spectateur de ses représentations de forgerons » d'adopter l'attitude du personnage central, debout, sur sa canne — celle du maître de la forge, c'est-à-dire « s'éveiller à la reconnaissance des bénéfices de l'industrie »[2]. Après tout, le travail ne constitue-t-il pas « le meilleur remède à tous les vices[3] » selon Burke, ce qui est valable tant pour le *travail physique* que pour le *travail intellectuel* — valeur d'un ordre nouveau fondé sur la bourgeoisie en ascension sociétale en cette fin de siècle ?

Est-ce à dire, par conséquent, que Wright représente, dans la contemporanéité de l'alliance science/technique, l'ascendant (ou, tout du moins, l'importance considérable) de la *praxis* dans la *theoria* du XVIIIe siècle ? Quoique « l'intérêt de la peinture de Joseph Wright of Derby réside en fait dans la confrontation de l'art et de la science et dans le parallèle entre les théories scientifiques sur la perspective et la pratique picturale du peintre, pour qui la représentation du regard n'est autre qu'une initiation à regarder son œuvre[4] », Wright

[1] D.H. Solkin, p. 179.
[2] D.H. Solkin, p. 183.
[3] Edmund Burke, *Philosophical Inquiry…*, p. 135, repris dans D.H. Solkin, p. 184.
[4] P. Arnaud et É. Angel-Perez (dir.), p. 61.

n'abandonne pas la notion de *contemplation*, mais la réactualise.

∴

Wright relève le défi d'Aristote qui induisait une « comparaison entre le spectateur du tableau et le philosophe », suivant le constat que l'humain disposerait d'une certaine capacité « à percevoir la ressemblance/similitude par le regard » ; capacité qui rend aussi « possible la contemplation théorétique du philosophe »[1]. L'art de Wright est bien un éveil à la connaissance dans un sens aristotélicien :

> « Il semble que l'art poétique dans son ensemble doive son origine à deux causes, toutes deux naturelles. En effet, dès l'enfance, les humains ont, inscrite dans leur nature, une tendance à représenter — et l'humain diffère des autres êtres vivants en ceci qu'il est celui qui représente le plus, et qu'il se forge ses premiers apprentissages au travers de la représentation —, et [...] les êtres humains prennent du plaisir aux représentations. On en trouve un indice dans ce qui arrive à propos des œuvres picturales : ce qui nous est pénible à *voir* dans la réalité, comme par exemple les formes des bêtes les plus répugnantes ou celles des cadavres, nous en *regardons* avec plaisir les images les plus précises. [...] La raison en est qu'apprendre n'est pas seulement agréable aux philosophes, mais également aux autres hommes [...]. On aime à *voir* des images, parce qu'en les *regardant*, on apprend et on conclut ce qu'est chaque chose, comme lorsqu'on dit : celui-là, c'est lui. Puisque, si on se trouve ne pas avoir vu auparavant,

[1] S. Klimis, « Voir, regarder, contempler : le plaisir de la reconnaissance de l'humain », *Les Études philosophiques*, vol. 4, no. 67, 2003, p. 473.

> ce n'est pas la représentation qui produira le plaisir, mais il viendra du fini dans l'exécution, de la couleur, ou d'une autre chose de ce genre[1] ».

Éveils à la connaissance, ses œuvres figurent l'homme pour ce qu'il est – un créateur. Et dans les temps qui s'ouvrent au seuil du XIXe siècle, par la conjugaison de la science et de la technique, l'homme se découvre, immanent – *le* créateur. « Ce n'est pas du premier coup que l'homme arrive à la conscience de sa force et de son pouvoir créateur », écrit Renan dans *L'Avenir de la science*, « [et] il semble naturel de croire que la *grâce* vient d'en haut ; ce n'est que bien tard qu'on arrive à découvrir qu'elle sort du fond de la conscience ».

> « Si quelque chose pouvait inspirer des doutes au penseur sur l'avenir de la raison, ce serait sans doute l'absence de la grande originalité et le peu d'initiative que semble révéler l'esprit humain [...]. Quand on compare les œuvres timides que notre âge raisonneur enfante avec tant de peine aux créations sublimes que la spontanéité primitive engendrait, sans avoir même le sentiment de leur difficulté [...], on serait tenté de regretter que l'homme ait cessé d'être instinctif pour devenir rationnel. Mais on se console en songeant que, si sa puissance interne est diminuée, sa création est bien plus personnelle, qu'il possède plus éminemment son œuvre, qu'il en est l'auteur à un titre plus élevé ; en songeant que l'état actuel n'est qu'un état pénible [...] que l'esprit humain aura dû traverser pour arriver à un état supérieur ; en songeant enfin que le progrès de l'état réfléchi amènera une autre phase, où l'esprit sera de nouveau créateur, mais librement et avec conscience. Il est triste [...] pour l'homme d'intelligence de traverser

[1] Repris de S. Klimis, pp. 468-469.

ces siècles de peu de foi, de voir les choses saintes raillées par les profanes et de subir le rire insultant de la frivolité triomphante. Mais [...] il tient le dépôt sacré, il porte l'avenir, il est homme dans le grand et large sens. Il le sait, et de là ses joies et ses tristesses : ses tristesses, car, pénétré de l'amour du parfait, il souffre que tant de consciences y demeurent à jamais fermées ; [...] ses puissances n'en résident pas moins au fond de son être et un jour elles se réveilleront pour étonner de leur fière originalité et de leur indomptable énergie et leurs timides apologistes et leurs insolents contempteurs[1] ».

[1] E. Renan *in* A. Petit (éd.), p. 80.

Index des œuvres citées de Wright of Derby

1760-69

1765 : *Three Persons Viewing the Gladiator by Candlelight.*
1766 : *A Philosopher Giving a Lecture at the Orrery in which a Lamp is put in Place of the Sun.*
1768 : *An Experiment on a Bird in the Air Pump.*
1769 : *A Philosopher by Lamplight.*

1770-79

1771 : *The Alchymist, in Search of the Philosopher's Stone, Discovers Phosphorus, and Prays for the Successful Conclusion of his Operation, as was the Custom of the Ancient Chymical Astrologers.*
1771 : *The Blacksmith's Shop.*
1772 : *An Iron Forge.*
1773 : *The Iron Forge viewed from Without.*
1776 : *Vesuvius from Portici.*

1780-89

1782 : *Arkwright's Cotton Mills by Night.*
1785 : *Moonlight Landscape.*
1785 : *A View of Gibraltar during the Destruction of the Spanish Floating Batteries on the 13th of September, 1782.*
1785 : *The Widow of an Indian Chief Watching the Arms of Her Deceased Husband.*

Bibliographie

Ouvrages généraux

ARNAUD, Pierre et ANGEL-PEREZ, Élisabeth. *Le Regard dans les arts plastiques et la littérature (Angleterre, États-Unis)*, Paris, Presses de l'université de Paris-Sorbonne, 2003.

BACHELARD, Gaston. *Le Rationalisme appliqué*, Paris, Presses universitaires de France, 1986 ; *Le Nouvel esprit scientifique*, Paris, Presses universitaires de France, 2013.

BERNAS, Steven (dir.) *Le Corps sensible*, Paris, L'Harmattan, 2013.

BURKE, Edmund. *Letter to a Noble Lord, 1796* (Éd. SMYTH, Albert H), Boston, Ginn & Company, 1903.

CHOUVEL, Jean-Marc et HASCHER, Xavier (dir.) *Esthétique et cognition*, Paris, Éditions de la Sorbonne, 2013.

DECHARNEUX, Baudouin et NEFONTAINE, Luc. *Le Symbole*, Paris, Presses universitaires de France, 2014.

ELIADE, Mircea. *Aspects du mythe*, Paris, Gallimard, 1963 ; *Histoire des croyances et des idées religieuses. 1 : De l'âge de la pierre aux mystères d'Éleusis*, Paris, Payot, 1976.

FAGNIEZ, Guillaume. *Comprendre l'historicité. Heidegger et Dilthey*, Paris, Hermann, 2019.

FINK, Béatrice et STENGER, Gerhardt. *Être matérialiste à l'âge des Lumières. Hommage offert à Roland Desné*, Paris, Presses universitaires de France, 1999.

FINK, Eugen. *De la phénoménologie*, Paris, Éditions de Minuit, 1974.

FURNISS, Tom. *Edmund Burke's Aesthetic Ideology: Language, Gender, and Political Economy in Revolution*, Cambridge, Cambridge University Press, 1993.

GUENANCIA, Pierre. *Le Regard de la pensée. Philosophie de la représentation*, Paris, Presses universitaires de France, 2009.

HEGEL, Georg Wilhelm Friedrich. *Esthétique*, Paris, Presses universitaires de France, 1953.

HUSSERL, Edmund. *La Phénoménologie et les fondements des sciences*, Paris, Presses universitaires de France, 1993 ; *Notes sur Heidegger*, Paris, Éditions de Minuit, 1993.

JANKÉLÉVITCH, Vladimir. *L'Aventure, l'Ennui, le Sérieux*, Paris, Flammarion, 2017.

JONAS, Hans. *Le Principe responsabilité. Une éthique pour la civilisation technologique*, Paris, Cerf, 1990

KLINGENDER, Francis D. *Marxism and Modern Art: An Approach to Social Realism*, Londres, Lawrence & Wishart Ltd, 1975.

KOYRÉ, Alexandre. *Études d'histoire de la pensée scientifique*, Paris, Gallimard, 1973.

MARGOLIN, Jean-Claude et MATTON, Sylvain. *Alchimie et philosophie à la Renaissance*, Paris, Vrin, 1993.

MAVRAKIS, Annie. *L'Atelier Michon*, Vincennes, Presses universitaires de Vincennes, 2019.

MAYR, Ernst. *Histoire de la biologie. Diversité, évolution et hérédité*, Paris, Fayard, 1989.

MICHON, Pierre. *Le Roi vient quand il veut. Propos sur la littérature*, Paris, Albin Michel, 2007.

MUMFORD, Lewis. *Technique et civilisation*, Marseille, Parenthèses, 2016.

LAROCHELLE, Gilbert. *Philosophie de l'idéologie. Théorie de l'intersubjectivité*, Paris, Presses universitaires de France, 1995.

PICQ, Pascal. *De Darwin à Lévi-Strauss. L'homme et la diversité en danger*, Paris, Odile Jacob, 2013.

QUINE, Willard. *Du Point de vue logique. Neuf essais logico-philosophiques*, Paris, Vrin, 2003.

RENAN, Ernest. *L'Avenir de la science, 1848* (Éd. PETIT, Anne), Québec, Classique des sciences sociales, 1995.

RICKERT, Heinrich. *Le Système des valeurs et autres articles*, Paris, Vrin, 2007.

RITTER, Joachim. *Paysage : Fonction de l'esthétique dans la société moderne*, Paris, Éditions de l'Imprimeur, 1997.

SÉRIS, Jean-Pierre. *La Technique*, Paris, Presses universitaires de France, 2013.

SOULEZ, Antonia. *La Grammaire philosophique chez Platon*, Paris, Presses universitaires de France, 1991.

STRAUSS, Leo. *Droit naturel et histoire*, Paris, Flammarion, 1986.

TALON-HUGON, Carole (dir.) *Les Théoriciens de l'art*, Paris, Presses universitaires de France, 2017.

THOLOZAN, Olivier. *Henri de Boulainvilliers. L'anti-absolutisme aristocratique légitimé par l'histoire*, Aix-en-Provence, Presses universitaires d'Aix-Marseille, 1999.

VIDAL-NAQUET, Pierre. *Le Chasseur noir. Formes de pensée et formes de société dans le monde grec*, Paris, Maspero, 1981.

Articles généraux

AFEISSA, Hicham-Stéphane. « Esthétique de la charogne : Aristote, père de l'esthétique cognitive ? », *Nouvelle Revue esthétique*, vol. 2, no. 22, 2018.

AGOGUÉ, Marine. « L'émergence des collectifs de conception inter-industries : le cas de la Lunar Society dans l'Angleterre du XVIIIe siècle », *Annales des mines. Gérer et comprendre*, vol. 3, no. 109, 2012.

BARRET-KRIEGEL, Blandine. « A. Koyré, *Études d'histoire de la pensée scientifique*, Paris, Gallimard, 1973 », *Annales. Économies, sociétés, civilisations*, vol. 30, no. 5, 1975.

BROMWICH, David. « Reviewed Work: *Edmund Burke's Aesthetic Ideology: Language, Gender, and Political Economy in Revolution* by Tom Furniss », *The Wordsworth Circle*, vol. 25, no. 4, 1994.

CAILLÉ, Alain. « Nouvelles thèses sur la religion », *Revue du MAUSS*, vol. 2, no. 22, 2003.

CAPELLE, Philippe. « Paternité de Dieu et initiative divine. Le logos kénotique et l'alliance », *Communio*, vol. 1, no. 273, 2021.

CARNEVALI, Barbara. « Mimesis littéraire et connaissance morale. La tradition de l'éthopée », *Annales. Histoire, Sciences sociales*, vol. 65, no. 2, 2010.

CARRÉ, Jacques. « In Memoriam Michel Baridon », *XVII-XVIII. Revue de la Société d'études anglo-américaines des XVIIe et XVIIIe siècles*, no. 66, 2009.

CHARLES, Sébastien. « Berkeley et l'imagination », *Revue philosophique de la France et de l'étranger*, t. 135, no. 1, 2010.

CROUZET, François. « Angleterre et France au XVIIIe siècle. Essai d'analyse comparée des deux croissances économiques », *Annales. Économies, sociétés, civilisations*, vol. 21, no. 2, 1966.

DEBRAY, Quentin. « Analyse d'ouvrages. Edmond Couchot, *La Nature de l'art. Ce que les sciences cognitives nous révèlent sur le plaisir esthétique*, Paris, Hermann, 2012 », *PSN*, vol. 10, no. 2, 2012.

DELZANT, Antoine. « Science et foi : de l'épistémologie à l'éthique », *Raisons politiques*, vol. 4, no. 4, 2001.

DESCAT, Raymond. « L'Acte et l'effort. Une idéologie du travail en Grèce ancienne (VIIIe-Ve siècle avant Jésus-Christ) », *Centre de recherches d'histoire ancienne*, vol. 73, 1986.

DESIDERI, Fabrizio. « Sur l'épigenèse de l'esprit esthétique. Le sens de la beauté, de la survie à la survenance », *Nouvelle Revue d'esthétique*, vol. 1, no. 15, 2015.

DEWALQUE, Arnaud. « À quoi sert la logique des sciences historiques de Rickert ? », *Les Études philosophiques*, vol. 1, no. 92, 2010.

FARGES, Julien. « Philosophie de l'histoire et système de valeurs chez Heinrich Rickert », *Les Études philosophiques*, vol. 1, no. 92, 2010.

FOUCART, Jean. « Régimes de scientificité et recherches participatives et/ou collaboratives », *Pensée plurielle*, no. 48, 2018.

GUASTINI, Danièle. « Représentation ou répétition ? À propos de la traduction du mot *mimèsis* dans la *Poétique* », vol. 2, no. 182, 2016.

HACKING, Ian. « Les philosophes de l'expérience », *Tracés. Revue de science humaine*, no. 9, 2005.

JAULIN, Annick. « L'acte (*energeia*) comme fondement chez Aristote », *Philosophie*, vol. 4, no. 127, 2015.

JUNG, Donna et TERTINI, Bruno. « Sous l'expérience esthétique : Introduction au dossier "Repenser l'interdisciplinarité entre esthétique et neurosciences cognitives" », *Implications philosophiques*, 2020.

LEFEBVRE, Thierry et RAYNAL, Cécile. « Paracelse. Entre magie, alchimie et médecine : une vie de combat au temps de la Renaissance », *Revue d'histoire de la pharmacie*, vol. 84, no. 311, 1996.

LÉVY, Edmond. « La dénomination de l'artisan chez Platon et Aristote », *Ktèma. Civilisations de l'Orient, de la Grèce et de Rome antiques*, no. 16, 1991.

LE ROUX, Ronan. « L'homéostasie sociale selon Norbert Wiener », *Revue d'histoire des sciences humaines*, vol. 1, no. 16, 2007.

LIARD, Véronique. « Jung et l'alchimie. Un lien entre le passé et présent au service du futur », *Cahiers jungiens de psychanalyse*, vol. 1, no. 151, 2020.

ORY, Pascal. « L'histoire des politiques symboliques en quatre études de cas », *Hypothèses*, vol. 1, no. 8, 2005.

PAQUETTE, Éric. « Husserl et l'absolu du Monde en phénoménologie », *Horizons philosophiques*, vol. 9, no. 1, 1998.

PARROCHIA, Daniel. « Le progrès des instruments scientifiques aux XVIIe et XVIIIe siècles », *Littératures classiques*, no. 43, 2001.

PONS, Alain. « Vico et les origines de la poésie », *Commentaire*, vol. 3, no. 103, 2003.

POUIVET, Roger. « Goodman et la reconception de l'esthétique », *Rue Descartes*, vol. 1, no. 80, 2014.

SEFIANE, Imane. « La "société de l'information" : entre résurgence et oubli d'un concept cybernétique », *Études de communication. Langages, information, médiations*, no. 44, 2015.

SOUAL, Philippe. « *Res cogitans* et *res extensa* dans les *Méditations* métaphysique et physique chez Descartes », *Revue de métaphysique et de morale*, no. 2, 1999.

TALON-HUGON, Carole. « Redistribution classique : le sublime comme réponse à l'*aisthétisation* du beau », *La Pensée écologique*, vol. 1, no. 2, 2018.

VAN FRAASSEN, Bas. « La logique et le soi : les suites de certaines crises de la pensée occidentale », *Diogène*, vol. 4, no. 232, 2010.

Travaux et colloques universitaires

HOWARD, Samantha. « 'A New Theatre of Prospects': Eighteenth-Century British Portrait Painters and Artistic

Mobility », Thèse de doctorat d'histoire de l'art, The University of York, vol. 1, 2010.

LOUÂPRE, Muriel (dir.) Actes du colloque « La Poésie scientifique, de la gloire au déclin », *Epistémocritique*, Montréal, 2010.

TOUBERT, Victor. « Entre le livre et la lampe : représentations et usages de l'érudition chez Pierre Michon, W. G. Sebald et Antonio Tabucchi », Thèse de littérature, Université Sorbonne Paris Cité, 2019.

Travaux spécialisés sur Wright of Derby

Ouvrages

BEMROSE, William. *The Life and Works of Joseph Wright, A.R.A., commonly called "Wright of Derby"*, Londres, Bemrose & Sons, 1885.

BROOKE, Janet M. (dir.) *Lost and Found. Wright of Derby's* View of Gladiator, Queen's University, Kingston (Ontario, Canada), Agnes Etherington Art Centre, 2011.

CRASKE, Matthew. *Joseph Wright of Derby: Painter of Darkness*, Londres, Paul Mellon Centre for Studies in British Art, 2020.

NICOLSON, Benedict. *Joseph Wright of Derby, Painter of Light*, Londres, Paul Mellon Foundation for British Art, 1968.

Articles

ADRIEN, Muriel. « Ombres et lumières croisées : l'appropriation prométhéenne de la lumière dans les peintures de Wright of Derby (1734-97) et John Martin (1789-1854) », *Caliban. French Journal of English Studies*, no. 33, 2013.

ADRIEN, Muriel. « Gold in Wright of Derby's Paintings », *Polysèmes. Revue d'études intertextuelles et intermédiales*, vol. 15, 2016.

BARKER, Elizabeth. E. « Documents relating to Joseph Wright 'of Derby' (1734-97) », *The Volume of the Walpole Society*, vol. 71, 2009 ; « Joseph Wright of Derby's Moonlight Landscape in Cologne », *Wallraf-Richartz-Jahrbuch*, vol. 70, 2009.

BYKO, Maureen. « Shedding a Light on 18th Century Science: The Works of Joseph Wright of Derby », *JOM. The Minerals, Metals, & Materials Society*, vol. 59, no. 6, 2007.

DURO, Paul. « 'Great and Noble Ideas of the Moral Kind': Wright of Derby and the Scientific Sublime », *Art History*, vol. 4, no. 33, 2010.

MOLESWORTH, Jesse. « The Cosmic Sublime: Wright of Derby's *A Philosopher Lecturing on the Orrery* », *Lumen. Travaux choisis de la Société canadienne d'étude du dix-huitième siècle*, vol. 34, 2015.

SOLKIN, David H. « Joseph Wright of Derby and the Sublime Art of Labor », *Representations*, vol. 83, no. 1, 2003.

Travaux universitaires

FOX, Abram Jacob Fox. « A World of Trouble: Joseph Wright of Derby in Bath, 1775-1777 », Thèse de maîtrise en art, Université du Maryland, 2009.

FURNISS, Tom. « Edmund Burke's Revolution: The Discourse of Aesthetics, Gender, and Political Economy in Burke's *Philosophical Enquiry* and *Reflections on the Revolution in France* », Thèse de doctorat en anglais, Université de Southampton, 1988.

LAWS, Leslie Ann. « Joseph Wright of Derby: His Inspirations and Symbols », Thèse de maîtrise en art, Texas Woman's University, 2013.

LEWIS, Hannah. « Joseph Wright of Derby: Illustrating Scientific Progress », Rollins College, *Honors Program Theses*, 2013.

Structures éditoriales du groupe L'Harmattan

L'Harmattan Italie
Via degli Artisti, 15
10124 Torino
harmattan.italia@gmail.com

L'Harmattan Hongrie
Kossuth l. u. 14-16.
1053 Budapest
harmattan@harmattan.hu

L'Harmattan Sénégal
10 VDN en face Mermoz
BP 45034 Dakar-Fann
senharmattan@gmail.com

L'Harmattan Cameroun
TSINGA/FECAFOOT
BP 11486 Yaoundé
inkoukam@gmail.com

L'Harmattan Burkina Faso
Achille Somé – tengnule@hotmail.fr

L'Harmattan Guinée
Almamya, rue KA 028 OKB Agency
BP 3470 Conakry
harmattanguinee@yahoo.fr

L'Harmattan RDC
185, avenue Nyangwe
Commune de Lingwala – Kinshasa
matangilamusadila@yahoo.fr

L'Harmattan Congo
219, avenue Nelson Mandela
BP 2874 Brazzaville
harmattan.congo@yahoo.fr

L'Harmattan Mali
ACI 2000 - Immeuble Mgr Jean Marie Cisse
Bureau 10
BP 145 Bamako-Mali
mali@harmattan.fr

L'Harmattan Togo
Djidjole – Lomé
Maison Amela
face EPP BATOME
ddamela@aol.com

L'Harmattan Côte d'Ivoire
Résidence Karl – Cité des Arts
Abidjan-Cocody
03 BP 1588 Abidjan
espace_harmattan.ci@hotmail.fr

Nos librairies en France

Librairie internationale
16, rue des Écoles
75005 Paris
librairie.internationale@harmattan.fr
01 40 46 79 11
www.librairieharmattan.com

Librairie des savoirs
21, rue des Écoles
75005 Paris
librairie.sh@harmattan.fr
01 46 34 13 71
www.librairieharmattansh.com

Librairie Le Lucernaire
53, rue Notre-Dame-des-Champs
75006 Paris
librairie@lucernaire.fr
01 42 22 67 13

www.ingramcontent.com/pod-product-compliance
Lightning Source LLC
LaVergne TN
LVHW020316230826
846091LV00003B/686